나는 진짜일까?

나는 진짜일까?

체육관 코치 목사의 돌직구 복음 이야기

이성호

나는 진짜일까?

초판 1쇄 인쇄 / 2019년 8월 30일
초판 1쇄 발행 / 2019년 9월 6일

지은이 / 이성호
표지 / Jane Park
사진 / 장지원
삽화 / 김현태
펴낸이 / 김정미
펴낸곳 / 앵커출판&미디어
출판등록 / 106-90-75402
주소 / 서울시 강북구 수유동 469-171
대표 전화 / 010-4804-0806
이메일 / anchorpnm@gmail.com

ISBN 979-11-86606-11-7 03230

이 책은 저작권법에 따라 보호받는 저작물이므로 무단전재와 무단복제를 금합니다.

늘 기도와 격려로 함께 해주시는 양가 부모님,
모험 가득한 좁은 길을 기쁘게 함께 걸어온
아내 향과 우리 아이들 예지, 원형, 원율 사랑합니다.
모든 영광을 나의 왕이신 예수 그리스도께 올려 드립니다.

차례

PART 1
진짜 믿음

추천의 글 8
들어가며 20

01	모태 신앙이 뭐라고	26
02	나는 가짜였다	30
03	가짜도 진짜가 하는 걸 하더라	34
04	가짜의 결말	43
05	기독교 약관 들여다보기	50
06	복음이 왜 복음인지	55
07	진짜가 되면 달라지는 것들	65
*	가짜 믿음 vs 진짜 믿음	70

PART 2
진짜 성화

08	새로운 삶 속으로	74
09	내가 혹시 요요?	77
10	무엇을 위한 성화인가?	83
11	가짜 성화가 가져오는 것들	90

12	성경이 말하는 진짜 성화	98
13	진짜 성화가 가져오는 것들	105
14	쉬운 멍에	118

* 가짜 성화 vs 진짜 성화　　120

PART 3

진짜 사역

15	사역을 시작하다	124
16	고민도 시작되다	128
17	고립된 기독교	136
18	선교적 일상교회	144
19	모세의 세대와 여호수아의 세대	161
20	빛을 발하라	178
21	사랑스러운 열매들	202
22	세토라: 별과 같이 빛나리라	222

* 선교적 일상교회, 올리브 이야기　　226

이 책에 사용된 만화 캐릭터는 뉴젠의
김현태 회원님의 그림입니다. "현태야, 고마워."

추천의 글 1

가짜가 판치는 세상입니다. 어려서부터 진짜가 되고 싶었습니다. 하지만 어느 것 하나 진짜가 되긴 어려웠습니다. 이 책을 읽고 나니 어쩌면 신앙인은 가짜와 진짜보단 '진짜를 흉내내는 사람'과 '진짜를 추구하는 사람'으로 나눌 수 있겠더군요. 진짜를 추구하겠습니다. 실체가 불분명한 미래를 앞두고 본질의 변형을 쉽게 받아들이는 세상 속에서 이 책은 본질의 뿌리를 캐내어 진짜를 찾습니다. 신앙인의 뿌리는 복음이고 복음의 뿌리는 성경인데도, 우리는 그저 눈앞에 보이는 것만이 진짜인 줄 알고 살아 왔습니다.

동료들과 함께 이성호 목사님과 성경공부하던 시절이 있었습니다. 이 책은 그의 성경공부처럼 쉽습니다. 그의 설교처럼 살아있습니다. 그의 생각처럼 분명하고 그의 삶처럼 단순합니다. 그가 숱하게 인생의 경로를 수정할 때마다 이야기를 들었습니다. 그는 확실히 다릅니다. 이 책은 설계

자 하나님께서 원하시는 신앙인에 대해 말합니다. 그분이 우리에게 주길 원하시는 생명의 복음이 얼마나 기쁜 것인지 알려 줍니다. 우리는 그 기쁨을 뒤로한 채 세상과 관습에 적당히 타협한 가짜 기쁨에 만족했습니다.

가짜는 '답지 않은'과 어울립니다. 아나운서답지 않은, 정치인답지 않은, 사람답지 않은 사람들이 참 많습니다. 진짜는 '다운'과 어울립니다. 교사다운, 목사다운, 그리스도인다운 사람들을 하나님은 찾고 계십니다. 이제라도 돌이켜 그리스도인다운 사람으로 거듭나 보렵니다. 저는 이 원고를 읽자마자 고민하는 청년 아들의 방문을 열고 건네면서 말했습니다. "네가 그토록 기다리던 책이야." 그 종이엔 눈물 자국이 남아 있었습니다.

김재원 KBS 아나운서, '아침마당' 진행

추천의 글 2

"우리 체육관은 성공이 아닌 섬김을 추구해서 참 좋아요."
이 말은 예수님이 누구신지 전혀 모르고 체육관에 운동하러 다니는 비그리스도인 회원이, 체육관의 대표이자 이 책의 저자인 이성호 목사에게 남긴 표현입니다. 이 책의 핵심 메시지이기도 합니다.

예수님은 십자가를 앞두고 빌립보 가이사랴에서 "내 교회를 세우겠다"고 선포하셨습니다(마 16:18). 예수님의 이 꿈은 기독교 사역자뿐 아니라 예수님의 제자인 모든 그리스도인이 함께 가져야 하는 목표입니다. 예수님께서 세우고자 하시는 교회, 즉 에클레시아는 우리 각자요, 우리 가정이요, 우리 일터요, 우리 지역교회입니다. 안타깝게도 오늘날 예수님께서 세우려고 하신 에클레시아가 지역교회와 제도적 교회의 모습으로 너무 부각되고 있습니다.

지역교회와 제도적 교회는 당연히 필요합니다. 그러나

지역교회에 속한 모든 그리스도인들이 자기 삶의 자리에서 구해야 할 답은, '성공 혹은 편안함이 아니라 섬김과 사랑이 목표'가 되는 삶입니다. 하나님에 대해 생각하고 말하는 것에 그치지 않고, 자신의 삶 속에서 하나님의 백성답게 사는 것입니다. 거기에 참 평안과 행복이 있음을 믿고 그 길을 가는 것입니다. 지역교회는 이런 성도들을 양육하여 그리스도의 제자로 길러내야 합니다.

이성호 목사는 자신이 이런 교회로 세워지길 소원합니다. 그리고 자신의 일터를 이런 교회로 만들기 위해 치열하게 전투하는 모습을 이 책에서 보여 줍니다. 이것은 우리 모두가 함께 고민하며 가야 할 길입니다. 모든 그리스도인들이 이 책을 읽고 하나님의 교회로 세워지길 소망합니다.

박은조 은혜샘물교회 은퇴목사

추천의 글 3

하나님과 이성호 목사님의 치열하고 긴박한 줄다리기를 생생하게 전하는 책입니다. 낯선 길로, 험한 길로 돌고 돌아 자신을 세상 속에 내던져 삶으로 직접 무두질하며 체득한 믿음, 성화, 성령의 열매에 대한 보고서입니다.

더북컴퍼니 신우회와 전문직 여성들의 성경공부 모임인 '올리브'를 통해 목사님이 들려 준 말씀들은 때론 불편하고 피하고 싶고 부담스러웠습니다. "믿음이란 삶의 주인이 나에서 하나님으로 바뀌는 것이다." "믿는 것과 아는 것이 나뉘면 가짜다." "회개란 뉘우치는 게 아니라 완전히 돌아서는 것이다." "하나님과 연애만 하지 말고 결혼하라." "아브라함에게 소중했던 이삭처럼 내게 소중한 '이삭'은 무엇인가?" "나의 삶은 이웃에게 빛이 되고 있는가?" "선교는 선택이 아니라 소명이다." "기도는 나의 비전이 아니라 하나님 비전을 찾는 일이다." 귀에 못이 박히게 들어온 메시지들은 조금씩 은혜를 퍼올리는 생명수가 되어 어느새 오염된 우리를 씻기고 다독거립니다. 세상 것에 눈과 귀를 열어 왔던 사람들을 치유하고 변화시키는 생명의 말씀이 됩니다.

신앙의 기쁨을 잃어버린 그리스도인들, 금세 뜨거워졌다가 냉랭해지는 영적 요요현상에 부대끼는 사람들, 갈급하지만 삶에서 아무 열매도 맺지 못하는 사람들, 믿음이 쉼이 아니라 무거운 짐으로 느껴지는 사람들이 이 책을 통해 쉼과 기쁨을 누리고 하나님과 진솔한 만남을 갖게 되리라고 확신합니다. 오직 하나님께 시선을 고정하고 강직하며 정직하게 하나님의 뜻만 좇아 온 목사님과 목사님의 가정이 좁은 길과 벼랑 끝에서 보낸 시간들에서 나온 메시지이기 때문입니다!

이소영 더북컴퍼니 대표

추천의 글 4

저자가 모험이 가득한 순종의 길로 가는 것을 보면 덩달아 신이 납니다. 존재가 존재다울 때 그 아름다움이 더욱 드러나듯이, 예수 그리스도의 생명이 손때 묻은 조각물처럼 인위적인 틀 안에 갇혀 있지 않고, 야생의 거친 들판에서 꾸밈없이 피어나는 약동감을 느낍니다.

독생자 예수 그리스도를 십자가에 내어 주신 하나님 아버지의 사랑을 받고 구원을 얻은 그리스도인이 멸망할 죄인의 운명에서 벗어나 새 생명을 얻은 하늘의 백성답게, 세상 속에 있지만 거룩한 삶으로, 자신을 위한 삶에서 주를 위한 삶으로, 나는 죽고 그리스도로만 사는 삶으로 옮겨 가는 것이 지극이 정상이며 마땅한 일임을 느낍니다.

어떤 모양, 어느 위치에서든 주님이 너무나 사랑하신 세상 속에서 함께 뒹굴며 호흡하고 그리스도의 몸 된 교회를 이뤄 가는 이야기를 증인되어 나눠 주시는 이성호 목사님과 함께하는 이들을 격려합니다.

하나님과 무관한 다수가 말하는 평범을 거부하고 주님과 함께하는 비범한 동행을 선택하는 이들에게 일독을 권합니다.

김용의 선교사, 전 순회선교단, 로그미션 대표

추천의 글 5

코스타(KOSTA) 캠프에서 이성호 목사가 말씀을 전할 때면 사도행전 2장의 현장을 보는 듯합니다. 청년이든 청소년이든 "우리가 어찌할꼬!" 하고 망치로 얻어맞은 듯 말씀 앞에 고꾸라지며 가슴을 치고 회개하며 하나님 앞에 무릎 꿇고 나아가는 역사가, 저자가 섬기러 가는 코스타 각 나라마다 일어납니다. 순수 복음의 메시지와 날카로운 말씀의 칼날 앞에서 듣는 이가 자기 신앙의 현주소를 정직히 들여다보며 결단해야 하는 순간을 맞이하기 때문입니다.

이성호 목사에게 하나님께서 주신 큰 복은 이 말씀을 청중에게만 전하지 않고 자기 자신에게 끊임없이 전한다는 것입니다. 그것은 지금 그가 어떻게 살고 있는지를 보면 압니다. 하나님 나라를 일상에서 실천하고 세우며 살아가려는 그의 몸부림은 말씀의 가치가 얼마나 소중한지를 삶으로 보여 주고 있습니다. 그의 메시지를 들은 사람들은 그의 삶에서 다시 말씀의 능력과 가치를 보게 됩니다.

하나님께서 이성호 목사를 코스타의 강사로, 더 나아가 이 시대에 다음세대의 사역자로 세우고 사용하고 계심에 감사드립니다. 이번에 그가 코스타에서 전한 복음에 대한 외침이 책으로 발간된 것을 마음을 다해 기뻐하며 큰 외침으로 추천합니다. 청년, 청소년들에게 그리고 자녀와 부모들에게, 한국 교회와 이민 교회에 전해지는 하나님의 말씀이 되리라고 믿습니다.

유임근 목사, 코스타 국제총무

많은 사람들이 한국 교회가 희망을 잃었다고 이야기합니다. 그러나 저는 그렇지 않다고 생각합니다. 교수로 평생을 젊은이들과 대화하며 살았고, 그 가운데서 한국 교회의 희망을 보았습니다. 한국 교회에는 희망을 줄 수 있는 젊은이들이 아직 많습니다.

그중에서 가장 먼저 이성호 목사가 떠오릅니다. 그는 사람들이 좋아할 만한 기회들을 뒤로하고 참 하나님의 종이 되기 위해 어려운 길을 걸으며 복음의 진리를 똑바로 전하는 사람입니다.

저는 현재 중병을 앓고 있어 하나님 앞에 언제 갈지 모르지만, 천국에 가기 전에 이 책을 읽어 볼 수 있는 것은 하나님께서 제게 주신 큰 특권입니다. 이 책을 많은 분들에게 추천합니다.

황희철 전 명지대 교목실장, 캘리포니아 주립대 교수

필리핀 코스타에서 이성호 목사를 처음 만났습니다. 그는 복음을 전하면서 청중을 눈물 나게 웃겼다 울렸다 했습니다. 사람들은 자신의 실수와 연약함을 솔직하게 인정하며 예수님의 십자가 도를 따르고자 몸부림치는 모습을 그에게서 보았습니다. 그때 저는 마음속으로 이렇게 외쳤습니다. "이성호 목사는 진짜 목사네!"

우리는 지속적으로 만나면서 주님 안에서 한 가족이 되었고, 미얀마 MWMC 신학교를 함께 섬기는 동역자가 되었습니다. 더 편하고 넓은 길을 택하지 않고, 가는 사람이 심히 적은 좁은 길, 예수님께서 가신 십자가의 길을 따라가는 그가 책을 출간하게 되어 너무나 기쁘고 감사합니다. 지구촌 곳곳의 많은 영혼들이 이 책을 읽고 진짜 그리스도인이 되어 주님의 이름만이 온 땅에 높여지길 기도합니다.

이은상 선교사, MWMC 총장

들어가며

많이 망설였다

주변에서 책을 쓰라고 많이들 이야기했는데 쉽게 결정하지 못했다. 과연 내가 책을 써도 될까? 세상에 좋은 책들이 많은데 굳이 나까지 책을 써야 할까? 나는 진득하게 책상에 앉아서 글을 쓰는 성향도 아니다. 더군다나 어릴 때 해외 생활을 오래해서 언어에 한계가 있고, 공부를 많이 한 사람도 아니고, 신학자도 아니고, 남들에게 본이 될 만한 그리스도인도 아닌 것 같고, 성공한 목회자도 아닌데… 여러 가지 핑계와 질문들 앞에서 망설이지 않을 수 없었다.

본질을 알고 싶어서, 본질대로 살고 싶어서

대학 때 은혜를 받고 본격적으로 신앙생활을 시작했지만 늘 고민이 많았다. 이상적인 신앙생활과 현실적인 신앙생활이 충돌하는 가운데 고민의 골은 더 깊어졌다. 하나님을 사랑하지만 불순종하고 넘어지는 나의 모순된 모습을 보았다. 그럴 때마다 결단하고 눈물로 신앙을 고백해도 늘 제자리인 모습도 보았다. 마음을 다해 섬겼지만 열매가 없는 사역 현장을 보며 낙담하기도 했다. 어두운 세상을 변화시켜 달라고 열심히 기도했는데 오히려 더 어두워져 가는 세상을 보며 회의가 들기도 했다.

과연 예수님을 믿는다는 것은 무엇인가? 복음이 무엇인가? 신앙생활이 무엇인가? 도대체 교회는 무엇인가? 목회는 무엇인가? 사역은 무엇인가? 목사는 누구인가?

이러한 고민들 앞에서 나는 더욱 더 본질을 탐구하게 되었다. 본질을 알고 싶어서, 본질대로 살고 싶어서, 본질을 따르고 싶어서, 본질을 가르치고 싶어서 몸부림치며 수년간 달려왔다. 고민하고, 생각하고, 기도하고, 도전하며 살았다.

지난 수년의 삶은 어찌 보면 모험의 연속이었다. 신학적인 모험, 사역상의 모험, 생활 속의 모험 등 하나님이 기뻐하시는 삶이라고 생각되면 현실적으로 어려움이 있더라도 일단 시도해 보았다. 안정된 삶과는 점점 거리가 멀어져도 조금이라도 본질에 가까워질 수만 있다면 그 길을 걷고 싶었다. 시행착오도 많았고, 실수도 많이 했고, 너무나 미안하게도 함께했던 지체들을 끝까지 섬기지 못하는 무책임한 모습도 보였다.

지금도 모험은 진행 중이다

어찌 보면 나는 책을 쓸 자격이 없는 사람 같다. 멋있는 성공 스토리도 없고 버젓하게 이루어 낸 업적도 없다. 그럼에도 불구하고 책을 쓰기로 마음먹은 것은 이 고민과 믿음의 여정을 여러 사람들과 나누기 위해서다.

이 책은 믿음에 대한, 성화에 대한, 사역에 대한 나의 고민들을 담고 있다. 부족하지만 이 책을 통해 본질을 고민하고 본질을 걸어가는 믿음의 동역자들이 일어나길 소망한다. 지금까지 나와 가족을 인도하신 하나님의 신실하심에 감사드린다.

● PART 1 ●

진짜 믿음

가짜는
가고
진짜가
남는다

01

모태 신앙이 뭐라고

나는 모태 신앙이다. 우리 집안에는 먼 친척까지 포함해 목사, 선교사 등 10여 명의 사역자가 있다. 그렇다고 몇 대째 기독교 역사를 이어 온 뿌리 깊은 신앙의 집안은 아니다. 이제 3대째다. 예수님을 전혀 믿지 않는 우리 집안에 큰이모부를 통해 처음 복음이 전해졌고, 이후로 아름다운 열매들이 맺혔다. 성경이 말하듯이 하나님 나라의 확장성은 대단하다.

> 천국은 마치 사람이 자기 밭에 갖다 심은 겨자씨 한 알 같으니 이는 모든 씨보다 작은 것이로되 자란 후에는 풀보다 커

서 나무가 되매 공중의 새들이 와서 그 가지에 깃들이느니라. 마 13:31-32

기독교 가정에서 태어난 나는 어려서부터 교회를 다녀야 했다. 교회생활을 열심히 안 하면 어머니께 꾸지람을 들었다. 어머니는 다른 것은 몰라도 신앙생활에 대해선 굉장히 엄격하셨다.

나는 어릴 때부터 교회를 좋아하진 않았다. 무엇보다 재미가 없었다. 예배가 따분하고 지루했다. 율동도 따라하기 싫었다. 설교 시간은 정말이지 견디기 힘들었다. 솔직히 강단에서 하는 말이 믿기지 않았고 무슨 소리인지 하나도 알아들을 수 없었다. 그저 친구들과 놀고 간식을 받아 먹는 재미에 교회를 다닌 것 같다. 공과공부 시간에 하도 말썽을 부려서 담당 선생님을 몇 번이나 울렸는지 모른다.

그래도 교회에 빠진 적은 없다. 왜? 모태 신앙이니까! 모태 신앙인은 교회에 빠지면 큰일나는 줄 안다. 어릴 때부터 들어 온 무서운 이야기가 있다. "교회에 빠지면 벌 받는다", "교회에 빠지면 지옥 간다" 등.

주일학교를 졸업하고 청소년이 되었다. 중학생이 되자마

자 아버지가 해외로 발령을 받으셔서 우리 가족은 이사를 가게 되었다. 비행기를 타고 멀리 타국에 가도 교회생활은 필수였다. 특히 이민 교회는 규모가 작기 때문에 어머니는 더욱 열심히 신앙생활을 하셨다.

한편 나는 청소년이 되니 교회가 더 싫어졌다. 사춘기의 호기심과 반항심으로 늘 일탈을 꿈꾸었고, 한국에 있을 때보다 덜 억압적인 해외생활을 핑계로 일탈의 삶을 시작했다. 이른바 잘 노는 친구들과 사귀면서 쾌락을 즐기는 청소년기를 보냈다.

그런 중에도 교회는 열심히 다녔다. 교회에서 임원도 되고 중창 찬양팀에 들어가는 등 나름대로 열심을 냈지만, 친구들과 어울려 노는 것이 제일 좋았다. 싸움도 많이 하고, 정학도 당해 보고, 운동도 열심히 하고, 헤비메탈 음악에 심취하는 등 '화려한' 십대를 보냈다.

대학은 한국에서 다녔다. 음주와 MT 문화가 지배하는 대학생활은 정말 즐거웠다. 캠퍼스 잔디에 누워서 책도 보고 당구도 치고 동아리 활동도 하면서 낭만적인 시절을 보냈다. 교회는? 물론 이때도 열심히 다녔다. 청년부 임원으로 활동하고 성가대원과 주일학교 교사까지 하면서 나름대로 사회생활과 종교생활의 완벽한 균형을 이루며 살았다. 나는 세상에서 잘 놀 줄 알고 종교성까지 갖춘 매력만점(?)의 청년이었다.

내 생각에 종교는 여전히 필요했다. 험한 세상을 살아가면서 정신 무장을 할 수 있고 위안도 얻을 수 있는, 없어선 안 되는 안전장치였다. 마음이 울적하거나 두려움이 찾아들 때 종교가 인간에게 큰 힘이 된다는 확신이 있었다. 내게 기독교는 그런 '종교'였다.

새내기 생활을 마치고 대학교 2학년이 되는 해, 모 선교단체에서 진행하는 겨울 수련회에 참석하게 되었다. 그 당시 목요 찬양집회로 한국 교회를 뜨겁게 하던 단체였다. 사촌형의 손에 이끌려 두어 번 목요 찬양집회에 간 게 전부인 나는, 얼떨결에 아는 사람이 한 명도 없는 그 수련회에 등록을 했다. 그리고 4박 5일의 수련회에서 인생의 큰 터닝 포인트를 만났다.

어려서부터 지겹도록 들어왔던 예수 그리스도의 복음 앞에 내 인생이 굴복되는 하나님의 은혜가 임했다.

02

나는 가짜였다

복음 앞에서 인격적으로 반응하면서 깨달은 점은, 내가 그동안 '가짜 그리스도인'이었다는 것이다. 모태 신앙인으로 태어나 평생을 교회에 다닌 내가 가짜 그리스도인이었다는 사실에 큰 충격을 받았다. 복음을 제대로 알고 나 자신을 돌아보니 아무리 모태 신앙이라 해도, 기독교 집안이라 해도, 교회에 꾸준히 출석하고 봉사했더라도 나는 성경이 말하는 '예수님 믿는 사람'이 아니었다. 나는 자신의 위안과 안녕을 위해 기독교를 붙드는 한낱 종교인에 불과했다.

충격과 감사와 감격이 뒤엉킨 채 수련회를 마치고, 나는 평생 복음을 가르치는 사람이 되기로 다짐했다. 이후에 대학을 졸업하고 신학대학원에 입학하여 목회자가 되었다. 그리고 지금까지 하나님의 은혜로 많은 사람들을 만나 복음을 가르치고 있다.

여러 해를 복음의 교사로 살면서 발견한 안타까운 현실이 있다. 내가 그러했듯 많은 사람들이 교회에 다니지만 실은 가짜 그리스도인인 경우가 많다는 것이다. 몸은 주일마다 예배당에 앉아 있어도 여전히 지옥을 향해 가고 있는, 껍데기만 그리스도인인 사람들이 얼마나 많은지 모른다.

한국에 천만 명의 기독교인이 있다고 한다. 그중에서 얼마가 진짜 그리스도인일까? 천만 명이 모두 진짜 그리스도인이라면 오늘날 기독교가 '개독교'라는 소리까지 들으며 비난받고 있을까? 어떤 사람은 이것을 핍박으로 여길지도 모른다. 맞다. 세상에서 참된 신앙을 지키려면 비난을 들을 수 있고 핍박도 받게 마련이다. 그러나 지금 기독교가 듣는 사회적인 비난은 핍박과 엄연히 다르고 구별해야 한다.

한국에 수만 개의 교회가 있다는데, 그 교회들이 정말 예수님을 따르고 있는가? 그렇다면 왜 그렇게 많은 돈을 들여 땅을 사고 건물을 짓는 일에 열중하고 있는가? 한국 교회가 금융기관에 진 빚이 수조 원에 이른다는 뉴스를 보왔다. 매달 내는 이자만 계산해도 수백억 원이라고 한다. 과연 그것이 우리 주님이 피로 값을 치르고 사신 교회의 모습일까? 한번은 어느 교회의 집회에 가서 이런 이야기를 나누었는데, 하필 그 교회가 은행에 막대한 대출 이자를 내고 있던 터라 분위기가 갑자기 냉랭해진 적도 있다.

> 좁은 문으로 들어가라 멸망으로 인도하는 문은 크고 그 길이 넓어 그리로 들어가는 자가 많고 생명으로 인도하는 문은 좁고 길이 협착하여 찾는 자가 적음이라. 마 7:13-14

가짜가 많은 세상이다. 어쩌면 생각보다 가짜가 훨씬 더 많을 수 있다. 성경도 생명을 찾는 자는 적고 멸망으로 가는 자가 많다고 말하지 않는가? 예수님을 믿는다는 것은 가벼운 주제가 아니다. 쉽게, 대충, 주먹구구식으론 예수님을 믿을 수 없다. 이 땅에 진실한 그리스도인들이 일어나길 소망한다. 좁은 문으로 들어가는 진정한 믿음의 용사들이 세워지길 소원한다.

힘은 코어에서 사지로 뻗어 간다. 코어가 강해야 몸이 제대로 기능한다. 코어가 약하면 몸의 기능이 저하된다. 코어가 무너지지 않도록 훈련해야 한다. 우리의 신앙도 그러하다.

03
가짜도 진짜가 하는 걸 하더라

가짜 믿음과 진짜 믿음을 구별하기 위해선 가짜 믿음이 무엇인지 잘 알아야 한다. 가짜도 진짜가 하는 걸 한다. 가짜여도 진짜처럼 보일 수 있다. 안타깝게도 가짜가 스스로를 진짜라고 착각하는 경우도 많다. 가짜도 모태 신앙일 수 있고, 평생 교회에 출석할 수 있다. 가짜도 예배에 참석한다. 졸면서 억지로 앉아 있을 거라고? 아니다. 딴생각하며 건성으로 예배드리지 않는다. 오히려 거룩하게 보이기 위해, 거룩해지기 위해 열심을 낸다. 손을 들고 눈물도 흘리면서 예배한다.

예전에 선교단체를 섬길 때, 늘 맨 앞자리에 앉아서 뜨겁게 예배하는 형제가 있었다. 모 방송국 성우이고, 여러 연예 기획사의 컨설턴트로 일하는 형제였다. 찬양하는 그의 모습은 천사 같았다. 설교 시간에 "아멘" 하는 소리도 가장 컸다. 기도는 또 얼마나 뜨겁게 하는지 그 형제를 보는 것만으로도 사람들은 은혜를 받았다. 그는 우리 단체에서 제공하는 훈련 프로그램에도 적극적으로 참여했다.

그러나 언제부턴가 그 형제에 대한 안 좋은 소문이 들려왔다. 공동체 지체들을 대상으로 사기를 치고 있다는 내용이었다. 실제로 피해자가 상당수였다. 너무 놀라서 전문가와 함께 그 형제에 대해 알아보니 그는 사기꾼이었다. 이름도, 나이도, 이력도, 간증도 모든 것이 거짓이었다. 그러면서도 겉보기엔 얼마나 뜨거운 예배자였는지 모른다.

가짜도 초자연적인 체험을 할 수 있다. 은사 비슷한 것을 받을 수 있고, 치유와 기적을 경험할 수 있다. 가짜도 교회에서 열심히 사역할 수 있다. 직분도 받고 다양하게 섬길 수 있다. 조심스러운 이야기지만 가짜도 사역자가 될 수 있다. 설교를 할 수 있고 예배를 인도할 수 있다.

나더러 주여 주여 하는 자마다 다 천국에 들어갈 것이 아니요 다만 하늘에 계신 내 아버지의 뜻대로 행하는 자라야 들어가리라 그날에 많은 사람이 나더러 이르되 주여 주여 우리가 주의 이름으로 선지자 노릇 하며 주의 이름으로 귀신을 쫓아 내며 주의 이름으로 많은 권능을 행하지 아니하였나이까 하리니 그때에 내가 그들에게 밝히 말하되 내가 너희를 도무지 알지 못하니 불법을 행하는 자들아 내게서 떠나가라 하리라. 마 7:21-23

마태복음 7장의 가르침은 참으로 충격적이다. 예수님을 주님으로 고백해도 천국에 들어갈 수 없다니…. 아무리 예수님의 이름으로 귀신을 내쫓고, 선지자처럼 말씀을 전하고, 큰 권능과 기적을 행하더라도 불법을 행하는 자가 될 수 있다니…. 그렇다. 가짜도 귀신을 내쫓을 수 있고, 기적을 행할 수 있으며, 능력 있는 선지자처럼 사역을 할 수도 있다.

가짜도 하나님을 믿기는 한다. 예수님도 믿는다. 그러나 가짜 믿음에는 핵심적인 특징이 있다. 하나님을 믿고, 예수님을 믿고, 열심히 교회에 출석하며, 기도하는 모습은 진짜와 다를 바 없을지 몰라도 그 믿음이 '자기중심'이다. 하나님을, 예수님을 자기중심으로 믿는다. 쉽게 말해 '자신'을 위해 하나님을 믿는다.

교회에 출석하고, 봉사도 하고, 헌금도 하며 열심히 신앙생활을 하지만 그 모든 것이 결국 자기를 위해서 하는 행동들이다. 내가 복 받아야 하니까, 내가 잘되어야 하니까, 내 문제를 해결해야 하니까, 내 소원을 이뤄야 하니까, 내가 잘 먹고 잘 살아야 하니까, 내가 형통해야 하니까, 내 꿈을 이뤄야 하니까, 내가 건강하고 평안해야 하니까 등 온통 나, 나, 나를 위한 것이다.

가짜 믿음은 하나님도 '나' 때문에 계셔야 한다고 생각한다. 나를 도와주기 위해, 나의 빽이 되어 주기 위해, 나를 지켜 주기 위해, 나의 어려움을 해결해 주기 위해, 나의 앞길을 열어 주기 위해 하나님이 계신다고 생각한다. 하나님을 그저 나를 위해 존재하는 분으로 여긴다. 가짜 믿음은 한마디로 주객이 전도된 믿음이다.

기독교와 타 종교의 차이는 무엇인가? 교리의 차이도 있지만, 인간이 만든 대부분의 종교는 인간 중심이다. 타 종교도 자신들의 신을 부르며 기도한다. 열심을 내고 정성을 바친다. 그런데 그들이 누구의 뜻을 이루기 위해 그렇게 정성껏 신을 부르는가? 당연히 자신의 소원과 뜻을 이루기 위해서다. 이렇듯 모든 종교가 인간을 위해 존재한다. 자기 소원, 자기계발에 집중한다. 그러나 기독교는 그렇지 않다. 기독교는 죄인 된 인간이 예수 그리스도의 복음을 믿음으로 (하나님의 은혜로) 구원받아 오직 하나님의 영광을 위해 살아가는 진리다.

> 그런즉 너희가 먹든지 마시든지 무엇을 하든지 다 하나님의 영광을 위하여 하라. 고전 10:31

안타깝게도 많은 사람들이 교회에 다니고 예수님을 믿는다고 하지만, 가짜 믿음의 특징을 지닌 신앙생활을 한다. 하나님을 위하는 척 하지만 '자신'을 위하는 종교인들이 얼마나 많은가!

특히 한국 교회는 기복 신앙의 뿌리가 있다. 나도 어릴 때 기복적인 설교를 많이 듣고 자랐다. 예수님을 믿으면 복 받는다, 만사가 형통한다, 자식이 잘 자란다, 사업이 잘된다고 들었다. 또한 주의 종을 잘 섬겨야 복을 받는다고 배웠다. 십일조를 내고 헌금을 많이 하면 물질의 축복을 받는다고 배웠다. 교회 일에 열심을 내야 벌을 받지 않는다고 배웠다.

슬프지만 이러한 인간 중심의 메시지로 교회들이 급성장을 했고, 많은 기도원들이 생겼고, 곳곳에 예배당이 세워졌다. 그 여파가 지금까지도 사람들을 잘못된 믿음으로 이끌고 있다. 오늘날에는 한층 더 세련된 기복 신앙이 등장했다. 번영주의, 성공주의 신학이 그러한 것들이다. 이러한 가르침은 신비주의와 은사주의라는 날개를 달고 너무나 많은 사람들을 유혹하고 있다.

기독교인이 운영하는 사업장에 가 보면 성구 액자가 걸려 있는 경우가 많다. 가장 흔히 볼 수 있는 구절이 욥기 8장 7절이다. "네 시작은 미약하였으나 네 나중은 심히 창대하리라." 지금은 작은 사업장이지만 언젠가 하나님께서 큰 사업장으로 성장시켜 주실 것이라는 간절한 바람을 담아 걸어 놓은 것이다. 일종의 부적처럼 말이다.

사실 욥기의 이 구절은 하나님께서 하신 말씀이 아니라 욥의 친구가 교만한 마음으로 욥에게 훈계했던 내용 가운데 일부다. 기독교는 무당의 종교도 아니고 미신도 아닌데, 오늘날 무당이나 미신처럼 하나님을 취급하는 변질된 기독교가 너무나 많다.

몇 해 전 기독교 고등학교에 부흥회를 섬기러 갔다. 기독교의 가치로 학생들을 양육하는 학교라고 들었다. 설교하기 전에 학교 사무실에 앉아서 담당자와 이런저런 이야기를 하다가 문득 사무실 게시판에 적혀 있는 글을 보았다. 충격적이었다.

"S대 ○○명, K대 ○○명, Y대 ○○명."

세상 학교에도 자랑스럽게 붙어 있는 바로 그 내용이 기독교 학교 게시판에 크게 적혀 있었다.

담당자가 바로 설명했다.

"우리 학교는 하나님께서 복을 주셔서 아이들이 명문대에 많이 갑니다."

실제로 매년 하반기만 되면 고3 수험생 어머니들은 새벽기도에 열심을 낸다. 잠도 안 자고 정성을 들여 기도한다. 어떤 이들은 금식하며 작정 기도를 한다. 그러나 그렇게 정성을 들이고 새벽에 부르짖는 기도의 내용이 고작 내 자식 대학에 가는 문제라면, 남편의 승진 문제라면, 사업이 잘되게 해달라는 내용이라면 안 됐지만 번지수가 잘못되었다. 기독교는 그런 복을 비는 종교가 아니다.

좋은 대학에 가는 것이 복인가? 물론 갈 수 있다면 좋은 일이다. 그러나 그것이 하나님의 복이라면, 상대적으로 덜 좋은 대학에 가면 복을 덜 받은 것인가? 아예 대학에 못

가면 저주를 받은 것인가? 육신의 건강이 복인가? 그렇다면 몸이 불편하거나 장애가 있으면 저주를 받은 것인가?

기독교에서 말하는 복이란 무엇인가? 바로 예수 그리스도시다. 그분이 절대 복이시다. 좋은 대학에 가도 오직 예수님이 복이시고, 상대적으로 덜 좋은 대학에 가도 여전히 예수님만이 복이시다. 몸이 건강해도 예수님이 복이시고, 몸이 아프고 불편해도 오직 예수님만이 우리의 만족이시다.

기독교 서점에 가 보면 번영주의, 성공주의에 관한 책들이 베스트셀러다. 하나님을 믿고 좋은 대학에 진학한 이야기, 사업에 성공한 이야기 등이 얼마나 인기 있는지 모른다. 이렇듯 가짜 믿음은 자기중심이다. 인본주의적 복음, 사람 중심의 기독교는 성경이 가르치는 기독교가 아니다.

가짜 믿음을 소유한 사람들은 못된 습관이 있다. 툭하면 하나님께 삐친다. 신앙생활이 힘들다고 하소연한다. 이유를 물으면 대부분이 이렇게 대답한다.

"하나님이 제 기도를 듣지 않으세요."

"하나님이 제가 원하는 것을 주지 않으셨어요."

"하나님께 실망했어요."

"하나님이 과연 살아계신지 모르겠어요."

결국 하나님이 내 소원을 들어주지 않아 삐쳤다는 이야기들이다. 우리가 섬기는 하나님이 누구신가? 고작 우리의 소원을 들어주는 요술 램프의 지니 같은 존재인가?

우리가 섬기는 하나님은 우주 만물을 창조하신 전능자시다. 만왕의 왕이시며, 만물의 주관자시며, 알파와 오메가요, 가장 높고 위대하신, 지금도 살아 역사하는 하나님이시다! 이러한 하나님을 인간의 수준으로 축소하여 나만의 하나님으로 만드는 것은 그분의 이름을 망령되게 일컫는 것이며, 이는 명백한 우상 숭배다. 하나님의 위대함 앞에 겸손하게 엎드리는 참된 예배자들이 세워지길 소망한다.

> 주여 내가 만민 중에서 주께 감사하오며 뭇 나라 중에서 주를 찬송하리이다 무릇 주의 인자는 커서 하늘에 미치고 주의 진리는 궁창에 이르나이다 하나님이여 주는 하늘 위에 높이 들리시며 주의 영광이 온 세계 위에 높아지기를 원하나이다. 시 57:9-11

04
가짜의 결말

자기중심의 가짜 믿음으론 아무리 열심히 교회에 다니고 신앙생활을 해도 천국에 들어갈 수 없다. 입술로 아무리 예수님을 주라고 고백해도 자기중심의 가짜 믿음으론 구원에 이를 수 없다. 어떤 사람들은 구원의 확신만 있으면 천국에 간다고 주장한다. 그러나 십자가는 저렴하지 않으며 복음 역시 싸구려가 아니다. 천국은 그렇게 쉽게 들어가는 곳이 아니다.

왜 가짜 믿음으론 구원에 이르지 못하는가? 자기중심의 가짜 믿음은 하나님을 섬기는 것이 아니라 결국 자신을 섬기는 것이기 때문이다. 하나님을 높이는 것이 아니라 자신을 높이고, 하나님을 위해 사는 것이 아니라 자신을 위해 살아간다.

인간이 자신을 위해 사는 것이 무엇인가? 스스로를 섬기며 높이는 것이 무엇인가? 성경은 그것을 가리켜 '죄'라고 정의한다. 보통 우리는 음란, 거짓, 사기, 교만, 분노, 살인, 도적질 등 어떤 악한 행위들만 죄로 정의한다. 그러나 그러한 행위들은 죄의 열매이지 죄의 본질은 아니다. 죄의 본질은 인간의 자기중심성이다.

> 그런데 뱀은 여호와 하나님이 지으신 들짐승 중에 가장 간교하니라 뱀이 여자에게 물어 이르되 하나님이 참으로 너희에게 동산 모든 나무의 열매를 먹지 말라 하시더냐
> 여자가 뱀에게 말하되 동산 나무의 열매를 우리가 먹을 수 있으나 동산 중앙에 있는 나무의 열매는 하나님의 말씀에 너희는 먹지도 말고 만지지도 말라 너희가 죽을까 하노라 하셨느니라
> 뱀이 여자에게 이르되 너희가 결코 죽지 아니하리라 너희가 그것을 먹는 날에는 너희 눈이 밝아져 하나님과 같이 되어 선악을 알 줄 하나님이 아심이니라
> 여자가 그 나무를 본즉 먹음직도 하고 보암직도 하고 지혜롭

게 할 만큼 탐스럽기도 한 나무인지라 여자가 그 열매를 따먹고 자기와 함께 있는 남편에게도 주매 그도 먹은지라. 창 3:1-6

창세기 3장은 인류의 타락을 보여 준다. 하와가 뱀의 유혹에 넘어가 선악과를 먹는다. 우주 만물의 창조주시고, 만왕의 왕이신 하나님을 '잊지 말라고' 주신 단 하나의 계명을 어기는 순간이다.

하와는 왜 뱀의 유혹에 넘어갔는가? 무엇이 그렇게 먹음직도 하고 보암직도 하고 탐스러웠을까? 그것은 바로 자신이 "하나님과 같이" 되는 것이었다. 하와는 "하나님과 같이" 되고 싶어 선악과를 먹고 아담도 먹게 한다. 그들은 스스로가 하나님이 되어 하나님을 밀어내고 중심에 앉고 싶었던 것이다.

죄는 인간이 하나님이 되고자 하는 사건이다. 하나님의 간섭에서 벗어나 자신의 인생을 스스로 통치하려는 것이다. 인간이 자기 인생의 주인이 되는 것, 왕이 되는 것, 자아추구와 자아숭배를 하는 것, 그것이 바로 죄다.

1966년에 창시된 사탄교의 사탄경 Satanic Bible 1장 1절에는 이렇게 쓰여 있다. "네 자신의 주인은 네 자신이다."

하나님의 자리를 탐하다가 타락한 천사장 루시퍼(사탄)가 외치는 핵심 메시지는 우리가 우리 인생의 주인이라는 것이다. 그러나 창세기 1장 1절은 "태초에 하나님이 천지를 창조하시니라"고 선언한다. 하나님이 절대적 주인이시다.

창세기 3장 이후로 싫으나 좋으나 모든 인간은 죄인으로 태어난다. 그래서 인간은 자기중심성을 타고난다. 태어날 때부터 자기밖에 모른다. 갓난아기도 자기밖에 모르고, 어린이도 자기밖에 모르고, 어른도 자기밖에 모른다. 인간은 철저하게 자기를 위해 살아간다. 극심한 자기애와 이기심으로 가득 차 있다.

그래서 인간은 끊임없이 싸운다. 우리 아이들만 봐도 참 자주 싸운다. 이유도 여러 가지다. 그러나 모든 싸움의 중심에는 단 하나의 이유가 있다. 자기 것을 침범당할 때 싸움이 시작된다. "내 거 왜 먹어?" "내 방에 왜 들어와?" "리모콘 내놔. 내 맘대로 볼 거야!" "내 거 만지지마!" 어른도 마찬가지다. "내 돈이야." "내 자식이야." "내 재산이야." "내 집이야."

다 내 거, 내 거, 내 거, 내가 주인이라는 것이다. 이러한 싸움으로 우정이 깨지고, 가정이 무너지고, 공동체가 분열하고, 국가가 서로 총구를 겨눈다.

사람들은 잔소리 듣는 것을 싫어하지만 잔소리하는 것은 좋아한다. 누군가에게 지적을 당하면 기분 나빠하면서도, 정작 자기는 끊임없이 다른 사람을 지적하고 판단한다. 스스로 하나님(심판자)이 되려고 한다.

실제로 우리가 살아가는 사회를 보면 인간이 하나님이 되어 가는 구조다. 다시 말해, 위로 올라가는 구조다. 더 높은 자리로 권력을 추구하는 시스템이다. 1등만 인정하고 좋아하는 세상이다. 공부도 1등, 사업도 1등, 스포츠는 우승, 올림픽은 금메달, 영화는 박스 오피스 1위, 음악은 빌보드 차트 1위, 연예인은 대상을 타야 한다.

그러니 삶이 고단하다. 더 높은 자리로 올라가기 위해 끊임없이 경쟁하고 비교하면서 서로를 짓밟는다. 참으로 피곤한 삶이다. 그 과정에서 상처도 많이 받고 힘들고 지친다. 내가 더 올라가야 하는데 그것이 생각만큼 쉽지 않다. 한마디로 세상이 만만치 않다.

그래서 인간이 누구를 찾는가? 그렇다. 신을 찾는다. 인간에게 종교가 필요해지는 대목이다. 자기 힘으론 성공하기 힘들고, 높은 곳에 올라가기 힘드니 누군가의 도움이 필요한 것이다. 그래서 사람들은 교회에 나와서 열심히 기도하고 하나님을 찾는다.

나를 위해 하나님을 찾는 이런 신앙은 가짜다. 내가 여전히 내 인생의 주인으로 남은 채 예수님을 믿고, 내가 여전히 내 인생의 왕인 채 하나님을 믿는 신앙 말이다. 가짜는 자기중심적이다. 가짜로는 결코 구원에 이르지 못한다.

가짜도 진짜가 하는 걸 한다. 가짜어도 진짜처럼 보일 수 있다. 가짜가 스스로를 진짜라고 착각하는 경우도 많다.

05

기독교 약관 들여다보기

진짜로 예수님을 믿는 것은 무엇인가? 참으로 안타깝게도 많은 사람들이 교회에 다니고 나름대로 예수님을 믿는다고 하지만, 실상은 예수님을 믿는 것이 무엇인지 잘 모르는 것 같다.

도대체 기독교는 무엇을 믿는 것인가? 성경의 어떤 내용에 동의해야 하고 어떤 대가를 치러야 하는가? 많은 사람들은 그냥 믿는다고 한다. 천국에 간다고 하니, 교회에 다니면 여러 모로 좋다고 하니 그냥 믿는 것이다.

어떤 교수님이 대학에서 강의를 하는데, 한번은 이단 종교에 빠진 한 학생과 대화를 나누었다. 교수님은 너무 궁금

해서 그 학생에게 자신이 믿는 종교에 대해 설명을 해보라고 했다. 학생은 열정적으로 한참이나 자신의 믿음을 고백하며 자신이 믿는 종교의 교리를 설명했다. 큰 충격을 받은 교수님은 바로 다음 날, 교회에 다니는 다른 청년을 불러서 똑같이 자신이 믿는 종교에 대해 설명해 보라고 했다. 이 청년은 단 5분도 설명하지 못했다. 이것이 오늘날 기독교의 문제다.

인터넷 사이트에 가입하려면 절차를 밟아야 한다. 가장 먼저 아이디를 만들고, 비밀 번호를 설정하고, 인적 사항을 기입해야 한다. 그러나 이것만으론 가입이 안 된다. 어떤 사이트든 가입을 완료하려면 반드시 거쳐야 하는 필수 절차가 있다. 사이트를 정상적으로 이용하기 위해선 '약관 내용'에 대한 동의가 필요하다. 약관 밑에 있는 "동의합니다" 난에 체크를 해야 한다. 체크를 하지 않으면 가입이 불가능하다. 우리 가운데 누가 그 많은 약관을 꼼꼼히 읽고 확인하겠는가? 대부분의 경우는 약관을 읽지 않은 채 그냥 동의해 버린다.

오늘날 우리가 예수님을 그렇게 믿는 것 같다. 예수님을 믿는다고 "동의합니다" 난에 체크하지만, 도대체 약관의 내용이 무엇인지 읽어 보지 않고 관심도 별로 없다. 그렇게 교회생활이 시작되고, 신앙의 연수가 쌓이지만 복음의 능력은 나타나지 않는다. 경건의 모양은 있지만 경건의 능력이 없는 종교인이 되고 만다.

> 너는 이것을 알라 말세에 고통하는 때가 이르러 사람들이 자기를 사랑하며 돈을 사랑하며 자랑하며 교만하며 비방하며 부모를 거역하며 감사하지 아니하며 거룩하지 아니하며 무정하며 원통함을 풀지 아니하며 모함하며 절제하지 못하며 사나우며 선한 것을 좋아하지 아니하며 배신하며 조급하며 자만하며 쾌락을 사랑하기를 하나님 사랑하는 것보다 더 하며 경건의 모양은 있으나 경건의 능력은 부인하니 이같은 자들에게서 네가 돌아서라. 딤후 3:1-5

그렇다면 기독교 약관의 내용은 무엇인가? 진짜 믿음은 무엇인가? 진짜 믿음이란 "지독하게 나밖에 모르는 내가, 나만을 위해 살던 내가, 내 인생의 왕이던 내가, 주인이던 내가, 하나님이던 내가, 하나님을 이용하던 내가" 철저하게 나의 죽음을 만나는 사건이다.

모든 인간은 살고 싶어한다. 그러나 기독교는 죽음에서

시작된다. 내가 끝남으로 시작된다. 어쩌면 기독교는 인간적인 매력이라곤 전혀 없는 진리를 선포한다. 가능하면 피하고 싶고 만나기 싫은, 인간의 본성에 거슬리는 불편한 이야기를 한다. 사도 바울은 아주 정확하게 기독교의 믿음을 설명한다.

> 내가 그리스도와 함께 십자가에 못 박혔나니 그런즉 이제는 내가 사는 것이 아니요 오직 내 안에 그리스도께서 사시는 것이라 이제 내가 육체 가운데 사는 것은 나를 사랑하사 나를 위하여 자기 자신을 버리신 하나님의 아들을 믿는 믿음 안에서 사는 것이라. 갈 2:20

> 무릇 그리스도 예수와 합하여 세례를 받은 우리는 그의 죽으심과 합하여 세례를 받은 줄을 알지 못하느냐. 롬 6:3

십자가는 예수님께서 혼자 외롭게 죽으신 장소가 아니다. 십자가는 죄 된 내가 예수님과 함께 죽은 장소다. 예수님을 믿는다면 이제는 내가 사는 것이 아님을 인정해야 한다. 자아를 숭배하던 내가 십자가에서 죽었음을 선언해야 한다. 내 욕심이 사는 것이 아니다. 내 야망이 사는 것이 아니다. 내 꿈이 사는 것이 아니다. 오직 내 안에 그리스도가 사시는 것이다. 십자가의 영광스러운 죽음을 믿음으로 맞이하며 신앙의 여정이 시작된다. 이에 대해 고린도후서 5장은 조금 더 구체적으로 설명한다.

> 그가 모든 사람을 대신하여 죽으심은 살아 있는 자들로 하여금 다시는 그들 자신을 위하여 살지 않고 오직 그들을 대신하여 죽었다가 다시 살아나신 이를 위하여 살게 하려 함이라. 고후 5:15

"다시는 자신을 위해 살지 않고" 오직 예수님을 위해 살라고 사람들을 초청하고 있다. 사람들이 종교를 갖는 이유는 더 나은 삶을 살고 싶어서다. 자신을 위해 '조금 더 잘 살고' 싶어 종교를 선택한다. 그러나 기독교는 그런 종교생활이 아니다. 교회에 다니면서 보다 안정적이고 윤택하게 살고자 믿는 것은 기독교가 아니다. 자신을 위해 사는 삶을 끝내고 오직 예수님을 위해 살아가는 것이 참된 기독교다.

06

복음이 왜 복음인지

복음이 무엇인가? 모두 잘 알듯이 복음은 예수 그리스도 시다. 예수님이 곧 복음이시다. 예수님이 복된 소식이시다. 왜 그러한가? 이 대목에서 가장 먼저 떠오르는 성경 구절이 요한복음 3장 16절이다.

> 하나님이 세상을 이처럼 사랑하사 독생자를 주셨으니 이는 그를 믿는 자마다 멸망하지 않고 영생을 얻게 하려 하심이라.

아멘! 이 구절은 의심할 바 없이 좋은 소식을 전하고 있다. 예수님이 우리의 구원자가 되신 것은 감격스러운 진리다. 그러나 예수님을 오직 구원자로만 믿는 것은 복음을 부분적으로 이해하는 것이다. 예수님께서 나의 죄를 용서하시고 나를 구원하여 천국 백성으로 만드신 것이 복음의 전부라면, 복음을 올바로 받아들인 것이 아니다.

많은 사람들이 '복음 = 천국'이라는 공식을 이야기한다. 그러나 복음의 본질적 메시지는 천국과 구원이 아니다. 천국은 복음을 믿는 자들에게 주어지는 당연한 결과이고, 구원은 복음을 믿는 자들이 얻는 은혜의 선물이다. 그렇다면 우리가 믿고 받아야 하는 복음의 핵심 메시지는 무엇인가? 왜 예수 그리스도가 복음이 되시는가?

예수 그리스도가 진정한 복음이신 이유는 그분이 '왕'으로 오셨기 때문이다. 예수 그리스도는 기름부음 받은 메시아, 곧 왕이시다! 예수님이 왕이시라는 것이 복음의 핵심 가치다. 우리는 예수님을 왕으로 믿고 온 마음으로 받아들여야 한다. 예수님이 왕이시라는 것은 왜 우리에게 복된 소식이 되는가?

사람은 크게 두 종류가 있다. 자기가 자기 인생에 왕인 사람이 있고, 예수님이 자기 인생에 왕인 사람이 있다. 자기가 왕인 사람은 누구인가? 죄의 본질에 사로잡힌 본질상

진노의 자녀들이다. 그런 사람들의 결말은 영원한 멸망이다. 내가 왕이 되면 영원한 형벌을 면할 수 없다. 내가 왕이 되면 영원한 죽음에서 벗어날 수 없다. 모든 인간은 스스로가 왕이 된 채로 태어난다. 그래서 모든 인생이 어쩔 수 없이 죽음을 향해 달려가고 있다.

그런 인생들에게 진짜 좋은 소식은 무엇인가? 우리를 죄와 영원한 형벌에서 구하실 진짜 왕이 오셨다는 것이다. 복음은 왕의 귀환 Return of the KING 을 이야기한다.

예수님을 믿는 것은 내 인생의 왕이 나에서 예수님으로 바뀌는 사건이다. 내가 왕노릇 하던 나의 나라가 무너지고, 예수님께서 왕으로 다스리시는 하나님 나라가 세워지는 것이다.

복음은 예수님을 왕으로 선포한다. 오직 왕 되신 예수님께서 우리를 죄와 사망의 권세에서 구하신다. 기독교에서 말하는 복음은 단순히 '천국 가기 위한' 복음이 아니라 '예수님이 왕 되신' 하나님 나라의 복음이다. 자기 인생의 왕이 바뀐 사람들만이 하나님 나라에 들어갈 수 있다.

문제는 사람들이 이 복음을 싫어한다는 것이다. 동방박사들의 이야기를 보자.

헤롯 왕 때에 예수께서 유대 베들레헴에서 나시매 동방으로
부터 박사들이 예루살렘에 이르러 말하되 유대인의 왕으로
나신 이가 어디 계시냐 우리가 동방에서 그의 별을 보고 그
에게 경배하러 왔노라 하니 헤롯 왕과 온 예루살렘이 듣고
소동한지라. 마 2:1-3

동방박사들이 별을 보고 왕으로 오신 예수님을 찾아나
선다. 그들은 별을 따라가다가 예루살렘에서 헤롯 왕을 만
나 이 복된 소식을 나눈다. 그러자 어떤 일이 벌어지는가?
헤롯 왕을 비롯해 예루살렘이 소동하기 시작한다. 그들은
동방박사들에게 별에 대해 자세히 묻고, 유대인의 왕을 발
견하거든 꼭 알려 달라고 당부한다. 자신들도 가서 태어나
신 왕에게 경배하겠다고 거짓말을 한다. 나중에 동방박사
들은 예수님을 만나서 예물을 드리고, 하나님의 지시를 받
아 헤롯의 부탁을 무시한다.

그들은 꿈에 헤롯에게로 돌아가지 말라 지시하심을 받아 다
른 길로 고국에 돌아가니라 그들이 떠난 후에 주의 사자가
요셉에게 현몽하여 이르되 헤롯이 아기를 찾아 죽이려 하
니 일어나 아기와 그의 어머니를 데리고 애굽으로 피하여 내

가 네게 이르기까지 거기 있으라 하시니…이에 헤롯이 박사들에게 속은 줄 알고 심히 노하여 사람을 보내어 베들레헴과 그 모든 지경 안에 있는 사내아이를 박사들에게 자세히 알아본 그때를 기준하여 두 살부터 그 아래로 다 죽이니. 마 2:12-13, 16

헤롯은 왕으로 오신 예수님을 살해하기 위해 끔찍한 일을 저지른다. 두 살 아래의 사내아이들을 대량 학살하는 비극을 벌인 것이다. 도대체 왜 헤롯은 이런 일을 저질렀는가? 이유는 단순하다. 자기만 왕이 되고 싶어서다. 그럴 수만 있다면 무슨 짓이든 하려는 헤롯의 마음이 바로 죄인 된 인간의 마음이다.

복음은 예수님을 왕으로 선포하지만, 인간은 그 복음을 싫어한다. 인간은 자신이 왕이 되고 싶기에 복음을 거부한다. 기독교에서 말하는 복음은 사람들이 좋아할 만한 내용이 아니다. 현대 기독교의 안타까움이 무엇인가? 언제부턴가 복음의 본질이 변질되면서 사람들이 좋아하는 가짜 복음들이 많아지고 있다. 하나님의 말씀을 정확하게 선포해야 하는 설교단에서 사람들이 좋아할 만한 달콤한 인본주의와 번영주의의 가르침을 전하고 있다.

가짜 복음은 가짜 믿음과 가짜 성도를 만들어 낸다. 말씀을 맡은 자들이 하나님을 경외함으로 복음을 선명하고 정확하게 선포해야 한다. 하나님께서 우리에게 믿으라고 주신 진짜 복음은 '듣기 싫은 좋은 소식'이다.

사람들은 자신이 왕이 되고 욕심을 채우면서 살면 행복할 것이라고 생각한다. 그러나 인간은 자신의 욕심을 위해 살 때 결코 행복할 수 없다. 아무리 물질이 많아도 소용없다. 인기와 명예가 넘쳐도 행복하지 못하다. 인간의 욕심은 밑 빠진 독과 같아서 아무리 물을 부어도 채워지지 않는다.

내 주변에 상당한 재산가들이 있다. 의외로 그들도 힘들다는 말을 늘 한다. 내 주변에 인기 있는 연예인들도 있다. 그들 역시 늘 힘들다고 토로한다. 왜 그럴까? 왜 우리의 욕심이 행복을 가져다주지 않는가?

성경은 모든 인간이 예수님을 믿든 안 믿든 처음부터 하나님을 위해 살도록 만들어졌다고 말한다. 무슨 의미인가? 사람은 오직 하나님을 위해 살 때 참된 행복을 누리게 된다는 뜻이다. 인간의 창조 목적이 하나님께 있다. 그래서 인간은 하나님을 위해 살 때 비로소 참된 만족을 얻는다.

죄가 인생에 들어오면서 창조의 목적이 파괴되었다. 그러나 예수 그리스도를 믿는 참 믿음 안에서 창조의 목적은 회복된다.

> 이 백성은 내가 나를 위하여 지었나니 나를 찬송하게 하려 함이니라. 사 43:21

진짜 믿음은 예수님과 결혼하는 것이다. 가짜 믿음은 어떠한가? 예수님과 연애만 하려 한다. 간간이 데이트를 하고 이야기를 나누며 시간을 보낸다. 좋은 추억을 쌓기도 한다. 예수님을 좋아하기는 하지만 예수님과 결혼은 하려 하지 않는다. 서로의 사생활을 존중하자면서 적당한 거리를 두고 평생을 살아간다. 그러나 그렇게 예수님과 연애만 하는 사람은 영원한 형벌을 면할 수 없다. 예수님을 믿는다는 것은 그분과 결혼하는 것이다. 결혼이 무엇인가? 목숨을 거는 것이다. 함께 사는 것이다. 하나가 되는 것이다.

아버지여, 아버지께서 내 안에, 내가 아버지 안에 있는 것같이 그들도 다 하나가 되어 우리 안에 있게 하사 세상으로 아버지께서 나를 보내신 것을 믿게 하옵소서 내게 주신 영광을 내가 그들에게 주었사오니 이는 우리가 하나가 된 것같이 그들도 하나가 되게 하려 함이니이다. 요 17:21-22

나는 "예수 우리 왕이여"라는 찬양을 참 좋아한다.

예수 우리 왕이여 이곳에 오소서
보좌로 주여 임하사 찬양을 받아 주소서
주님을 찬양하오니 주님을 경배하오니
왕이신 예수여 오셔서 좌정하사 다스리소서

예수님을 왕으로 모시는 아름다운 고백의 찬양이다. 원곡으로 이 찬양의 가사를 보면 조금 더 선명하게 곡이 전달하고자 하는 메시지를 알 수 있다.

Jesus, we enthrone You
we proclaim You are King
standing here, in the midst of us
we raise You up with our praise
and as we worship, build Your throne
and as we worship, build Your throne

and as we worship, build Your throne

come Lord Jesus, and take Your place *

한국어 찬양에는 잘 표현되지 않았지만 마지막에 고백하는 "come Lord Jesus, and take Your place(주 예수여 오셔서 당신의 자리를 되찾아 주옵소서)"가 이 곡이 전달하려는 핵심 메시지라고 생각한다.

우리 인생의 왕좌에는 누가 앉아 있는가? 혹시 우리가 그 자리에 앉아 있다면 위의 찬양 가사가 우리의 진실한 고백이 되길 원한다. "왕좌를 주께 내어 드리니 오셔서 당신의 자리를 되찾아 주옵소서."

---

* Paul Kyle ⓒ 1980 Thankyou Music (admin. by Capitol CMG Publishing)

예수님을 믿는 것은 내 인생의 왕이 나에서 예수님으로 바뀌는 사건이다. 내가 왕노릇 하던 나의 나라가 무너지고, 예수님께서 왕으로 다스리시는 하나님 나라가 세워지는 것이다.

07

진짜가 되면 달라지는 것들

가짜가 진짜가 되어야 한다. 어떻게 하면 가짜가 진짜가 될 수 있는가? 교회에 다니기만 하면 가능할까? 교회가 복음을 선명하게 잘 가르치면 가능하다. 하지만 교회에 다닌다고 해서 가짜가 저절로 진짜가 되진 않는다. 영접 기도만 따라하면 진짜가 되는가? 꼭 그렇진 않다. 성령님의 역사하심으로 참된 회심이 일어날 수 있지만, 앵무새처럼 기도문을 따라한다고 해서 구원이 임하는 것은 아니다.

성경은 무엇을 가르치는가? 가짜가 진짜가 되려면 먼저 복음을 정확히 들어야 하고, 다음으로 회개해야 한다.

이때부터 예수께서 비로소 전파하여 이르시되 회개하라 천국이 가까이 왔느니라 하시더라. 마 4:17

예수님께서 공생애를 시작하면서 가장 먼저 외치신 말씀이다. 회개는 기독교의 본질적 메시지다. 교회마다 회개를 외쳐야 한다.

회개란 무엇인가? 많은 사람들이 회개에 대해서도 왜곡되거나 부분적으로만 아는 지식을 가지고 있다. 보통 '회개한다'고 하면, 죄를 용서받는 기도를 한다고 생각한다. 틀린 말은 아니다. 그러나 회개는 본질적으로 그 이상을 의미한다. 회개를 더러워진 몸을 씻는 정도의 정결 의식으로만 생각한다면 이기적인 회개가 될 수 있다. 죄책감을 떨쳐 내려고, 자기 마음 하나 편하자고 하는 회개는 진정한 회개가 아니다.

성경이 말하는 회개의 본질적 의미는 '돌이킴'이다. 자동차를 운전하다가 유턴을 하듯이 삶을 돌이키는 것이 진정한 회개다. 내가 내 삶의 왕으로 살다가 복음을 듣고 나서 예수님을 왕으로 모시고, 이제부턴 다시는 내가 아니라 예수님만을 위해 살기로 결단하고 돌이키는 것이 회개다. 회개는 종교 의식이나 입술의 고백만이 아니라 삶의 거룩한 결단이요 행동이다. 가짜가 진짜가 되려면 회개해야 한다. 마지막 때를 살아가는 우리에게 회개의 은혜가 임하길 소망한다.

> 그런즉 누구든지 그리스도 안에 있으면 새로운 피조물이라 이전 것은 지나갔으니 보라 새 것이 되었도다. 고후 5:17

> 영접하는 자 곧 그 이름을 믿는 자들에게는 하나님의 자녀가 되는 권세를 주셨으니. 요 1:12

> 그가 우리를 흑암의 권세에서 건져내사 그의 사랑의 아들의 나라로 옮기셨으니 그 아들 안에서 우리가 속량 곧 죄 사함을 얻었도다. 골 1:13-14

> 내가 복음을 부끄러워하지 아니하노니 이 복음은 모든 믿는 자에게 구원을 주시는 하나님의 능력이 됨이라 먼저는 유대인에게요 그리고 헬라인에게로다 복음에는 하나님의 의가 나타나서 믿음으로 믿음에 이르게 하나니 기록된 바 오직 의인은 믿음으로 말미암아 살리라 함과 같으니라. 롬 1:16-17

진짜가 되면 새로운 정체성이 부여된다. 새로운 피조물, 하나님의 자녀가 된다. 내가 왕으로 지내던 이전의 삶은 지나가고 새로운 삶이 시작된다. 흑암의 나라에서 아들의 나라로 옮겨진다.

복음에는 능력이 있다. 그 능력이 우리를 하나님 나라의 삶으로 인도한다. 하나님은 자기 자녀들에게 성령님을 약속하셨다. 예수님을 믿는 자녀들에게 성령님께서 내주하신다. 성령님의 도우심으로 믿는 자들은 하나님 나라에 적용되는 삶의 원리를 배워 간다.

아내가 첫째를 임신했을 때 무척 기뻤다. 임신을 하면 잘 먹어야 한다고 해서 저녁마다 맛있는 것을 사들고 집에 들어갔다. 그런데 음식을 본 아내는 헛구역질을 하며 냄새가 나니 얼른 치우라고 했다. 당황스러웠지만 아내는 입덧을 하고 있었던 것이다.

입덧이라는 것이 참 신기하다. 여자의 자궁에 작은 생명체가 하나 들어왔을 뿐인데 입맛이 달라진다. 그 생명체는 너무 작아서 겉으론 티도 안 난다. 임산부의 배도 그대로다. 확실한 것은 아내의 입맛이 바뀐다는 것이다. 평소에 좋아하던 음식들은 냄새 맡기도 힘들어 하고, 안 먹던 음식들을 찾기 시작한다. 참 놀라운 일이다.

사람의 몸에 작은 생명체가 하나 들어와도 입맛이 바뀌는데, 가짜가 회개하고 진짜가 되어 성령님이 우리 안에 들어오신다면, 어떻게 거룩한 입덧을 하지 않을 수 있겠는가?

진짜가 되면 입덧이 시작된다. 흑암의 나라에 살던 우리에게 아들의 나라가 임하면 입덧이 시작된다. 내가 왕 노릇 하던 삶 속에 예수님께서 왕으로 오시면 극심한 갈등이 시작된다. 이것이 진짜 그리스도인의 삶의 시작이며 성화의 시작이다. 그런 점에서 나의 믿음은 진짜인가, 아니면 가짜인가?

가짜 믿음

- 가짜 믿음은 자기중심적인 믿음이다.
- 자신을 위해 하나님을 믿는 것은 참된 믿음이 아니다.
- 가짜 믿음으론 구원에 이르지 못한다.
- 가짜 믿음은 하나님을 섬기는 게 아니라 자신을 섬기는 자아숭배다. 자아숭배는 죄의 본질이다.
- 죄는 내가 내 인생에 왕이 된 것이다. 자신이 여전히 왕인 채로 예수님을 믿는 것은 가짜 믿음이다.

가짜는 앞으로 나와 주세요~

진짜 믿음

- 진짜 믿음은 나의 죽음을 만나는 것이다. 내가 죽고 내 안에 예수님께서 사시는 것이다(갈 2:20). 다시는 나를 위해 살지 않고 오직 예수님을 위해 사는 것이다(고후 5:15).
- 복음은 예수님을 왕으로 선포한다. 사람들은 예수님을 왕으로 모시기 싫어한다. 그래서 복음은 '듣기 싫은 좋은 소식'이다.
- 가짜가 진짜가 되려면 삶을 돌이키는 회개를 해야 한다.
- 거룩한 입덧과 함께 새로운 삶이 시작된다.

• PART 2 •

진짜 성화

요요 없는
신앙 생활을
시작하다

08

새로운 삶 속으로

하나님의 은혜로 대학교 2학년 때 삶을 돌이키게 되었다. 나 같은 죄인을 살리신 주님의 은혜는 말로 다 표현할 수 없다. 얼마나 기뻤는지, 얼마나 감사했는지 모른다.

수련회를 마치고 집으로 돌아오자마자 나의 옛 삶을 정리하기 시작했다. 더 이상 이전처럼 살아갈 수 없었다. 즐겨 듣던 각종 세상 음악들(카세트 테이프와 CD, 뮤직 비디오)을 파기하고, 하나님이 기뻐하지 않으실 만한 습관과 취미생활을 다 끊기로 다짐했다. 잘 어울리던 세상 친구들도 멀리하기 시작했다. 친구들이 싫어서가 아니라 혹시나 내가 다시 넘어질까 봐 두려웠다.

나의 삶을 기독교 문화로 채우기 시작했다. 듣는 음악을 CCM으로 바꾸고, 삶의 패턴을 경건생활과 교회생활 중심으로 재정비했다. TV 시청도 끊고 세상적인 문화생활도 다 끊었다. 일찍 자고(밤 9시면 잤다), 새벽에 일어나 기도로 하루를 시작하고, 학교에 가기 전까지 큐티를 했다.

은혜받은 마음을 지키기 위해 곧바로 선교단체에 가입해서 훈련을 받았다. 성경공부도 열심히 하고, 성경 읽기에 열심을 냈다. 주중의 삶을 예배로 채웠다. 새벽 예배, 수요예배, 목요찬양 집회, 금요철야 예배, 토요 훈련, 주일 예배에 참석하고 교회에서 많은 봉사를 했다. 성경 암송과 독서에 힘을 쏟았다. 어디든 좋은 집회나 세미나가 열리면 찾아갔다. 믿음의 사람들과 교제하는 것이 정말 즐거웠다. 전도도 열심히 했다. 버스를 타도, 지하철을 타도, 학교에서도 틈만 나면 예수님을 전했다. 만나는 사람들마다 바른 관계를 유지하려고 애썼다. 혹시나 타인에게 실수를 하면 바로 사과했고, 상대방에게 남몰래라도 안 좋은 마음을 품었으면 바로 고백하고 용서를 구했다.

나는 영적인 욕심이 과했다. 신앙 위인전을 읽으면서 그들과 같이 되고 싶었다. 허드슨 테일러, 조지 뮬러와 같은 영적 거장이 되고 싶었다. 영성이 깊고 영적 능력도 뛰어난 하나님의 사람이 되고 싶었다. 세상에서 하나님을 제일 사랑하는 사람이 되고 싶었고, 누구에게도 뒤처지기 싫었다. 새벽 기도회에 가도 내가 가장 늦게까지 남아 기도하는 사람이어야 했다. 그래서 늘 권사님들과 기도 오래하기 시합을 했다.

예배는 아무리 늦어도 30분 전에 가서 기도로 준비했다. 그날의 설교 본문을 미리 찾아두고, 그날 부를 찬송가도 미리 찾아서 표시를 해두었다. 주보를 꼼꼼히 읽고 교회 소식을 보면서 중보기도를 했다. 그러다보니 교회에서 "성호는 기도의 용사야!"라는 말을 자주 들었고, '신앙 좋은 청년'이라는 별명이 생겼다. 참 기분이 좋았다.

정말 달라지고 싶었다. 변하고 싶었다. 예전의 삶으로 돌아가기 싫었고 위대한 하나님의 사람이 되고 싶었다. 실제로 그렇게 되어 가고 있었다. 많은 사람들이 칭찬하고 목회자에게 인정받는 그리스도인이 되었다. 사역자가 되고 나선 능력 있는 종으로 칭송받기 시작했다.

09

내가 혹시 요요?

잘 나가던 신앙생활에 어느 순간 위기가 찾아왔다. 기쁨과 열정이 가득하던 삶에 제동이 걸리기 시작했다. 참 혼란스럽고 힘들었다. 분명 하나님을 사랑하고 기쁘게 해드리고 싶은데 계속 넘어지고 실패하는 내 자신을 보았다. 결단하고 다짐한 것들이 하나 둘씩 무너져 내리고, 기쁨과 감사가 서서히 식어 가는 것을 느꼈다. 자존심이 상해서 인정하기 싫었지만 그것이 나의 실체였다.

살을 빼는 것과 뺀 살을 유지하는 것 중 무엇이 더 어려울까? 둘 다 어렵지만 그중 하나만 고르라면 대부분이 유지하는 것이 어렵다고 말한다. 맞는 말이다. 사람들은 식단 조절과 운동을 통해 가끔 체중 감량에 성공하지만, 날씬해진 몸매를 오래 유지하는 데는 흔히 실패한다. 우리는 그것을 요요현상이라 부른다.

육체적 요요현상이 있듯이 영적 요요현상도 있다. 은혜를 받는 것과 받은 은혜를 유지하는 것 중 무엇이 더 어려울까? 사람들은 당연히 유지하는 것이 더 어렵다고 말한다. 우리는 종종 은혜를 경험한다. 교회 집회나 수련회 혹은 예배 시간과 개인 경건 시간에 하나님의 은혜가 임한다. 그럴 때면 눈물로 기도하고 마음의 결단을 내린다.

그런데 문제가 무엇인가? 시간이 지나면 제자리에 와 있는 자신을 발견하게 된다. 분명 결단하고 기도했는데, 눈물로 다짐하고 헌신했는데 다시 실패를 한다. 시편 78편을 쓴 시인의 고백처럼 하나님의 은혜를 잊는 듯하다. 왜 이러한 영적 요요현상이 발생하는가? 이것은 다름 아니라 성화의 문제다.

여호와께서 행하신 것과 그들에게 보이신 그의 기이한 일을 잊었도다. 시 78:11

교회생활을 하다 보면 자연스럽게 드러나는 신앙의 단계가 있다. 보통 교회에서 신앙이 가장 뜨거운 사람은 누구인가? 예수님을 갓 믿은 사람과 오래된 신자 중에서 누가 더 뜨거운가? 당연히 예수님을 갓 믿은 사람이다.

은혜받은 지 얼마 안 된 사람들은 정말 뜨겁다. 오븐에서 막 꺼낸 파이처럼 얼마나 뜨거운지 모른다. 예배 시간에 늦는 법이 없고, 천사처럼 찬양하고, 설교 말씀도 잘 듣고, 아멘 소리도 얼마나 큰지 모른다. 교회 봉사도 불평 없이 하고, 얼굴에 늘 기쁨이 충만하다. 언행도 은혜롭고, 사랑이 가득하고, 부정적인 이야기를 하지 않는다. 굉장히 겸손하고 순종적이다. 이런 사람들이 교회에 큰 기쁨을 준다.

오래된 신자들은 열정이 넘치는 새신자를 바라보며 자신들만이 아는 옅은 미소를 띠며 속으로 이야기한다.

"나도 한때는 저랬지. 참 좋을 때다."

그러면서 확신에 찬 표정으로 일침을 가한다.

"조금만 있어 봐. 너도 나처럼 미지근해질 거야."

"나도 청년 때는 뜨거웠지. 너도 결혼해 봐. 아이를 낳아 봐. 직장에 가 봐. 나처럼 될 거야."

신기하게도 오래된 신자의 말이 맞아들어 간다. 그렇게 뜨겁던 새신자가 시간이 지날수록 어떻게 되는가? 그 신앙이 점점 식어 버린다. 어느 틈엔가 오래된 신자의 대열에 합류하여 함께 은혜를 추억팔이하며 미지근한 신앙생활을 이어 간다.

안타깝게도 이런 광경은 우리가 교회에서 보편적으로 볼 수 있는 신앙의 단계다. 너무나 자연스럽게, 너무나 정상적으로 우리는 이러한 광경을 목도한다. 과연 이것이 정상일까? 아니다. 성경은 그렇게 이야기하지 않는다. 오히려 성경은 반대를 가르친다. 신앙은 세월이 흐르면서 점점 퇴보하는 것이 아니라 점점 깊어지는 것이다.

> 여호와의 인자와 긍휼이 무궁하시므로 우리가 진멸되지 아니함이니이다 이것들이 아침마다 새로우니 주의 성실하심이 크시도소이다. 애 3:22-23

하나님은 성실하시다. 하나님의 인자와 자비는 무궁하시다. 그래서 아침마다 새롭고 늘 새롭다고 예레미야 선지자는 노래한다. 이것이 정상이다. 참된 신앙은 세월이 흐를수록 더 깊어지고 더 뜨거워져야 한다. 그러나 우리는 반대로 살고 있다. 무엇이 문제인가? 성화가 문제다.

1부에서 나누었던 진짜 믿음은 칭의에 대한 이야기다. 예수님을 믿음으로 우리는 은혜로 '칭의'(의롭다 칭함)를 받는다. 칭의를 받은 사람들이 만나는 신앙의 다음 단계가 바로 성화다. 성화가 무엇인가? 하나님의 자녀가 된 우리가 이후로 그분의 자녀로 살아가는 거룩한 삶의 여정이다. 참된 성화를 통해 우리는 예수님께서 약속하신 풍성한 삶을 살아야 한다.

> 내가 온 것은 양으로 생명을 얻게 하고 더 풍성히 얻게 하려는 것이라. 요 10:10

그러나 우리가 만나는 현실은 무엇인가? 풍성한 삶은커녕 세월이 흐를수록 지치고 힘들고 피곤한 신앙생활을 꾸역꾸역 하기 시작한다. 왜 그럴까? 왜곡된 성화를 배워서 그렇다. 믿음에도 가짜와 진짜가 있듯이, 성화에도 가짜와 진짜가 있다. 안타깝게도 나를 포함하여 많은 그리스도인들이 가짜 성화에 발목이 잡혀 있다.

육체적 요요현상이 있듯이 영적 요요현상도 있다. 은혜를 받는 것과 받은 은혜를 유지하는 것 중 무엇이 더 어려울까?

10

무엇을 위한 성화인가?

은혜로 구원받고 예수님을 왕으로 모시고 본격적인 신앙생활을 시작한다. 기대와 기쁨으로 거룩한 삶의 여정을 걷기 시작하며 성화의 길에 들어선다. 그런데 마음 아프게도 여기서 우리는 가짜 성화를 배우게 된다. 성경이 가르치는 진정한 성화를 배워야 하는데, 어찌된 일인지 우리 대부분은 왜곡된 성화를 만난다.

정말 안타깝게도 오랫동안 기독교에서 가르치고 강조해 온 성화는, 성도들을 거룩함으로 이끌기보단 피폐함으로 인도한다. 앞에서 말했듯이 시간이 지날수록 열정이 식어 미지근하고 따분한 '종교인'을 만들어 낸다. 가짜 성화는 율법주의적이고 종교적이다. 가짜 성화도 가짜 믿음과 같이 '자기중심'이라는 특징이 있다. 결국 다시 자신에게 집중하는 영적 자아숭배의 삶으로 흐르는 것이다.

가짜 성화는 은혜 받은 우리에게 이렇게 가르친다.
"너 은혜 받았으면 이제부터 달라져야 해! 변해야 해!"
"술도 끊고, 담배도 끊고, 성질내면 안 되고, 세상도 멀리 해야 해!"
"덜 사랑하던 네가 더 사랑해야 하고, 덜 거룩하던 네가 더 거룩해야 하고, 이제 더 헌신해야 해."
우리는 너무나 익숙하게 이러한 가르침을 받아 왔다. 지금도 교회에서 목사님과 리더들이 외치는 내용이다. 얼핏 들으면 굉장히 맞는 말 같지만 실은 틀린 말이다. 가짜 성화는 신앙생활의 초점을 '자신의 변화'에 맞춘다. 내 신앙이 좋아져야 하고, 내 영성이 깊어져야 하고, 내 '영발'이 서야 하는 등, 모든 것이 '나'에 관한 이야기들이다.

가짜 성화는 변화를 촉구하면서 공동체 안에 불필요한 영적 계급을 만들어 낸다. 소위 말하는 '신앙 좋은 사람'과 '신앙 안 좋은 사람'의 그룹이 생긴다. 보통 신앙 좋은 사람들이 신앙 안 좋은 사람들을 가르치고 이끄는 구조가 만들어지고, 이로 인해 공동체 안에 갈등도 생긴다.

교회생활을 하다 보면 사람에게 상처를 입는다. 희한하게도 주로 신앙 좋다는 사람들에게 상처를 입는다. 교회생활을 오래한 사람들이 오히려 공동체를 힘들게 할 때가 많다. 기도에 열심을 내고 모임에 빠지지 않는 사람들이 기득권을 가지고 공동체를 좌지우지할 때가 많다. 가짜 성화는 영적으로 자기를 높이는 또 하나의 자아숭배의 늪에 우리를 빠뜨린다.

신앙이 좋다는 게 무엇인가? 도대체 누가 신앙이 좋은 사람인가? 목회자가 평신도보다 신앙이 좋은가? 무슨 기준으로 신앙이 좋고 나쁨을 따질 수 있는가? 우리가 출석하는 교회에서 누구의 신앙이 가장 좋은가?

가짜 성화에 익숙한 우리는 끊임없이 신앙 좋은 사람을 찾는다. 그러나 사실 신앙 좋은 사람은 없다. 우리는 모두 연약하다. 우리는 모두 신앙이 좋지 않다. 오직 하나님만 좋은 분이시다. 오직 하나님만 선한 분이시다. 그러하기에 오늘날 우리가 생존해 있고, 지금도 숨쉬며 살 수 있다. 성화는 나 자신에 대한 이야기가 아니라 하나님의 은혜에 대한 이야기다.

한번은 어떤 자매가 상담을 요청해 왔다. 상담 주제는 하나님과의 친밀함이었다. 자매는 정말이지 하나님과 친해지고 싶다고 했다. 주변에서 하나님과 친한 사람들을 보면 질투가 난다고 했다.

자매는 물었다.

"어떻게 하면 목사님처럼 하나님과 친해질 수 있어요?"

질문을 받고 잠시 생각한 다음에 나는 솔직하게 이야기했다.

"저도 하나님과 안 친해요."

나는 진심이었는데, 자매가 깜짝 놀라며 장난치지 말라고 웃으며 이야기했다. 나는 사실이라고 다시 한번 말해 주었다.

내가 무엇을 근거로 감히 하나님과 친하다고 말할 수 있겠는가? 목사니까? 성경을 많이 아니까? 기도를 많이 하니까? 영적 체험이 많으니까? 아니다. 나의 어떠함이 하나님과의 친함을 결정하지 못한다.

그렇다면 우리는 어떻게 예수님과 친구가 되었는가? 성경을 보니 그분이 먼저 우리를 친구라고 불러 주셨다. 예수님께서 먼저 우리에게 손을 내미셨고, 우리는 믿음으로 그분의 손을 잡았다. 그래서 은혜로 친구가 되었다.

그런데 가짜 성화는 자기가 먼저 나서서 하나님과 친하다고 주장한다. 하나님 옆집에라도 사는 것처럼 말하고 행동한다. 영적 자랑과 영적 과시에 사로잡혀 있다.

나는 하나님과 친하지 않다. 오프라인으로 만난 적도 없고, 친하게 지내기에 하나님은 너무나 높고 부담스러운 분이시다. 하나님과의 친구 됨은 나의 신앙 좋음과 영성이 아니라 오직 주님의 은혜로 이루어진다.

> 이제부터는 너희를 종이라 하지 아니하리니 종은 주인이 하는 것을 알지 못함이라 너희를 친구라 하였노니 내가 내 아버지께 들은 것을 다 너희에게 알게 하였음이라. 요 15:15

자신의 신앙이 좋아지는 것, 그것이 가짜 성화의 목표다. 가짜 성화는 그 목표를 이루기 위해 열심히 노력하라고 우리를 다그친다. 우리는 보통 이렇게 배웠다.

"변하고 싶으면, 신앙이 좋아지려면 열심히 기도해야 해. 열심히 성경공부 해야 해. 열심히 큐티해야 해. 열심히 제자훈련 받아야 해. 열심히 예배에 참석해야 해. 열심히 봉사해야 해. 단기 선교에 가야 해. 수련회에 가야 해."

우리는 가르침을 받은 대로 정말 열심을 낸다. 헌신적으로 섬긴다. 변하고 싶어서, 신앙이 좋아지고 싶어서 온 힘을 쏟는다.

조심스러운 이야기지만, 가짜 성화를 가르치고 따르게 하면 교회 조직을 운영하는 데 아주 효과적이다. 목표를 정해 주고, 목표 달성 과정을 만들어 열심히 헌신하게 하고, 업적에 맞게 계급을 부여하면 교회에 자연스레 영적 수직 구조가 만들어진다. 그러면 사람들을 통제하고 조정하기가 쉬워진다. 그로 인해 잘못된 영적 권위가 생겨나고 영적 폭력, 영적 조종과 같은 악한 일들이 벌어지기 시작한다. 실제로 공동체를 무너뜨리는 이러한 사례들이 얼마나 많은가?

영적 권위에 대한 올바른 지식이 있어야 건강한 공동체가 세워질 수 있다. 성경이 우리에게 가르치는 진정한 영적 권위는 무엇인가?

첫째, 영적 권위는 어떤 특정한 직분에게 주어지는 게 아니라 모든 그리스도인들에게 동등하게 주어진다.

> 영접하는 자 곧 그 이름을 믿는 자들에게는 하나님의 자녀가 되는 권세를 주셨으니. 요 1:12

모든 하나님의 자녀들에겐 동등한 권세가 있다. 목회자가 평신도보다 더 큰 권위를 가지고 있지 않다. 목회자와 평신도 사이에는 권위의 차이가 아니라 기능의 차이가 있을 뿐이다. 교회의 조직은 권위적 구조가 아니라 기능적 구조로 세워져야 한다. 서로가 서로의 기능을 존중하고 상호 섬기는 모습으로 나아갈 때, 우리는 건강한 공동체를 경험하게 된다.

둘째, 영적 권위는 교회가 아니라 세상에서 사용하라고 하나님께서 주신 것이다. 그리스도인들은 영적 권위를 가지고 세상 현장에서 영적 전쟁을 선포하고, 복음을 외치며, 진리를 따라가야 한다. 영적 권위는 교회에서 힘겨루기를 하라고 주신 게 아니라 세상에서 승리의 깃발을 흔들라고 주신 것이다. 교회는 전쟁터가 아니다. 교회에선 큰소리치면서 세상에선 찍소리도 못한다면, 우리는 권세 있는 그리스도인의 삶을 살고 있지 못하는 것이다.

11
가짜 성화가 가져오는 것들

가짜 성화는 자신의 신앙이 좋아지고 싶어서 경건생활에 열심을 낸다고 했다. 흔히 이야기하는 영적 거인이 되고 싶어서 온 힘을 쏟는다고 했다. 그런데 실제론 어떤 열매를 맺는가?

그렇게 열심히 했는데 어느 순간 하나도 바뀌지 않은 자신을 만나게 된다. 상황과 조건만 맞으면 불쑥 튀어나오는 자신의 옛 사람을 보게 된다. 당황스러울 정도로 그대로인 자신을 대면하게 된다. 성질이 그대로고, 연약함이 그대로고, 음란함이 그대로고, 악함이 그대로다. 수도 없이 회개하며 싸워 보려고 하는데 다람쥐 쳇바퀴 돌 듯이 제자리에

와 있는 자신을 보게 된다. 하나님이 여전히 좋고 그분의 은혜는 변함이 없는데, 자신은 하나도 바뀌지 않은 패배자요 실패자가 된다.

변하지 않은 자신과 마주할 때 우리는 영적 절망을 느낀다. 하나님 앞에서 죄책감이 생기고 마음이 무거워진다. 자신의 모습에 실망하면서 영적으로 자학하기 시작한다. 영적으로 자존심이 상하고 자존감이 낮아지면서 신앙생활에 힘이 빠지기 시작한다.

이때부터 기쁨이 사라진다. 감사가 사라진다. 열정이 식는다. 교회생활이 부담스럽고, 섬기고 있는 많은 사역들이 아주 부담스럽게 다가온다. 교회에 안 갈 수는 없지만 발걸음이 무겁다. 맡은 사역들을 안 할 수는 없지만 열정이 없다. 결국 무거운 짐을 지고 꾸역꾸역 억지로 교회생활을 이어 간다. 영적으로 지치고 곤하여 가라앉는다. 그냥 다 그만두고 싶어진다.

가짜 성화의 길을 걸으면서 나 역시 모든 것을 그만두고 싶은 때가 있었다. 나 자신에게 너무 실망하고, 나 같은 사람은 하나님 나라에 도움이 안 되는, 쓸데없는 존재라는 절망 속에서 신앙 자체도 버리고 싶었다.

이런 절망 속에서 가짜 성화는 우리를 어떤 삶으로 안내하는가? 가면을 쓰게 만든다. 더러운 나의 모습을 가리기 위해 근사해 보이는 영적 가면을 쓰게 한다. 속은 썩어 들어가도 겉으론 멀쩡한 척하는 위선이 시작된다. 거룩한 척, 사랑하는 척, 신앙 좋은 척을 한다. 성경에 나오는 바리새인의 모습으로 서서히 변질되어 간다.

> 화 있을진저 외식하는 서기관들과 바리새인들이여 회칠한 무덤 같으니 겉으로는 아름답게 보이나 그 안에는 죽은 사람의 뼈와 모든 더러운 것이 가득하도다. 마 23:27

가면을 쓰면 영적 교만이 찾아온다. 영적 절망감이 하나의 상처로 자리 잡으면서 역기능적인 삶의 모습이 나타난다. 자기 안에 기쁨과 감사가 사그라들면서 불평과 불만의 부정적인 마음이 싹트기 시작한다. 매사에 못마땅해 하는 사람이 되어 공동체를 판단하고 비판하는 교만한 모습이 나타난다.

"교회가 썩었다." "목사가 썩었네." "예배가 왜 이래?"

날카로운 언행으로 공동체를 힘들게 하며 자신은 그런 부류가 아님을 은근히 드러내는 '자기 의'에 빠져든다. 가짜 성화는 우리를 위선자로 만든다.

> 너는 네 눈 속에 있는 들보를 보지 못하면서 어찌하여 형제에게 말하기를 형제여 나로 네 눈 속에 있는 티를 빼게 하라 할 수 있느냐 외식하는 자여 먼저 네 눈 속에서 들보를 빼라 그 후에야 네가 밝히 보고 형제의 눈 속에 있는 티를 빼리라.
>
> 눅 6:42

가면이 두꺼울수록 안으로 더 썩어 들어간다. 겉보기에 영적일수록 속으론 더 타락한다. 지난 수년간 교계에서 들려온 안타까운 소식들, 즉 지도자들의 성적 타락, 재정 타락 등이 가짜 성화의 열매들이다.

카리스마가 넘치는 영성을 강조하던 사람일수록 더 실족을 한다. 가짜 성화는 영적 영웅이 되라고 우리를 부추긴다. 더 강해지라고, 더 뛰어나라고 계속해서 속삭인다. 이에 너무나 많은 사람들이 영적 슈퍼 히어로가 되기 위해 새로운 가면을 장착한다.

몇 해 전에 해외 집회에 갔다. 거기서 어떤 학생을 상담하게 되었다. 평범한 상담이었다. 상담을 마친 후 그 학생이 궁금한 것이 있다며 질문해도 되느냐고 물었다. 나는 당연히 승낙했다.

"목사님이 중동으로 선교를 가셨다고 가정해 볼게요. 중동에서 열심히 선교를 하다가 안타깝게도 이슬람 무장단체에 납치를 당하셨어요. 그때 테러리스트들이 목사님 목에 칼을 댄 채, 예수님을 부인하면 살려 주고 시인하면 죽이겠다고 협박하면 어떻게 하시겠어요?"

당황스럽고 무서운 질문이었지만 나는 한 치의 망설임 없이 솔직하게 답했다.

"미안하지만 나는 예수님을 부인할 거 같아."

예상치 못한 답변이었는지 학생의 얼굴에 당혹감이 드러났다. 나는 다시 입을 열었다.

"진짜야. 솔직히 그 자리에선 예수님을 부인할 거 같아."

그러자 그 학생은 정의감과 분노에 찬 표정으로 내게 말했다.

"아니, 목사님! 하나님을 사랑하지 않으세요? 왜 부인하세요?"

나는 멋쩍은 표정으로 그를 바라보며 이야기했다.

"음, 하나님을 사랑하지만 사실 너무 무서울 것 같아. 나는 나를 알거든. 나는 그렇게 용기 있는 사람이 아니야."

그리고 말을 이어 갔다.

"총이라면 생각해 볼 텐데 칼 앞에선 자신이 없어."

학생은 실망감과 배신감에 휩싸인 표정으로 나를 쳐다보았다. 나는 다시 말을 이었다.

"내가 한 말은 진심이야. 100퍼센트 부인할 것 같아. 그런데 한 가지 믿는 것은 있어. 마가복음 13장에서 예수님이 제자들에게 말세에 대해 가르치다가 이렇게 말씀하셨어. '사람들이 너희를 끌어다가 넘겨 줄 때에 무슨 말을 할까 미리 염려하지 말고 무엇이든지 그때에 너희에게 주시는 그 말을 하라 말하는 이는 너희가 아니요 성령이시니라' 막 13:11."

그 학생에게 본문을 이야기하며 설명했다.

"나는 무서워서 예수님을 100퍼센트 부인할 것 같지만, 이 말씀은 믿어. 나는 자신이 없지만 성령님이 그때에 내게 할 말씀을 주실 거야."

학생은 고개를 끄덕이며 자리를 떠났다.

위와 같은 상황에서 보통 우리가 기대하는 시나리오는 멋있게 예수님을 위해 목숨을 버리는 영웅다운 결말이다. 실제로 영웅들의 이야기를 다룬 서적과 간증이 참 많이 있다. 예수님을 위해 모든 것을 포기하고 희생한 영웅담을 들으면서 사람들은 감동을 받는다. 자신이 흠모하는 영적 영웅들을 칭송하며 따르기 시작한다. 언젠가 그들과 같이 되길 소망하며 열심을 낸다.

성경 시대에도 사도들을 숭배하고 따르고 싶어하는 집단들이 있었다. 그럴 때마다 사도들을 옷을 찢으며 그러면 안 된다고 단호하게 가르쳤다. 가짜 성화는 늘 영적 영웅을 만들며 저마다 영적 영웅이 되길 갈망하게 만든다. 그러나 우리는 알아야 한다. 성화는 내가 영웅이 되는 것이 아니다. 영적 영웅은 없다. 슈퍼 그리스도인은 존재하지 않는다. 슈퍼 하나님을 섬기는 연약한 사람들만 있을 뿐이다.

가짜 성화는 자기중심이다. 내가 신앙이 좋아야 하고, 내가 강해야 하고, 내가 영적 영웅이 되어야 한다. 자신의 영적 욕심을 채우기 위해 끊임없이 달리게 한다. 그 결말은 매우 참혹하다. 가짜 성화는 성령으로 시작한 신앙생활을 육체로 끝나게 한다.

너희가 이같이 어리석으냐 성령으로 시작하였다가 이제는 육체로 마치겠느냐. 갈 3:3

가짜 성화는 자기중심이다. 내가 신앙이 좋아야 하고, 내가 강해야 하고, 내가 영적 영웅이 되어야 한다. 자신의 영적 욕심을 채우기 위해 끊임없이 달리게 한다.

12

성경이 말하는 진짜 성화

은혜로 구원을 받았다면 이제 올바른 성화의 길을 걸어야 한다. 자기중심적인 가짜 성화에서 벗어나 진짜 성화를 따라야 한다. 성경이 가르치는 진짜 성화는 무엇인가?

진짜 성화는 은혜로 구원받은 하나님의 자녀가 되었다면 이제부터 "하나님을 알아 가라"고 가르친다. 자기 신앙 좋아지는 것이 목표가 아니라, 자기 영성 계발이 목표가 아니라 순수하게 하나님을 알아 가는 데 목표를 두는 것이다. 성화는 나에 대한 것이 아니다. 성화는 하나님이 어떤 분이신지 알아 가는 여정이다. 자녀가 태어나 부모를 알아 가듯이 은혜로 거듭난 우리도 하나님을 알아 가야 한다.

가짜 성화는 신앙이 좋아지기 위해 열심히 노력하라고 한다. 하지만 진짜 성화는 하나님을 알아 가기 위해 '하나님과 교제'하라고 한다.

말씀과 기도가 왜 중요한가? 말씀과 기도로 하나님과 교제할 수 있기 때문이다. 말씀과 기도를 통해 우리는 하나님과 교제하며 그분을 알아 가게 된다. 말씀은 특별 계시다. 하나님이 누구신지, 어떤 일을 하셨는지 배울 수 있는 정확무오한 진리다. 성경을 통독하며 묵상하며 공부하며 우리는 하나님이 어떤 분이신지 알아 가게 된다.

한편, 가짜 성화는 말씀을 다른 용도로 사용하게 한다. 하나님을 알아 가는 교제의 방편이 아니라 자기 신앙이 좋아지기 위해, 자기 영성을 계발하는 데 성경을 사용하게 한다. 성경을 많이 읽어야 영성이 좋아진다고, 큐티를 해야 '영발'이 강해진다고 한다. 그러나 그런 식으로 성경을 읽으면 영적으로 교만해진다. 성경을 알수록 영적 교만이 함께 늘어 간다. 그런 이들에겐 성경을 몇 번 통독했느냐가 중요하다. 그것이 그들의 영적 자랑이요 훈장이다.

오래전 목사 고시를 봤을 때 마지막 단계로 면접장에 들어갔다. 예비 목사들을 앉혀 놓고 교단의 선배 목사님들이 여러 가지 질문을 했다. 한 면접관이 말했다.

"저기 왼쪽 사람부터 지금까지 성경을 몇 번 읽었는지 차례대로 이야기해 보세요."

예비 목사들이 차례대로 성경 통독 횟수를 말했다. 대부분이 15회 미만이었다. 그러자 면접관이 노발대발 화를 내면서 소리를 질렀다.

"목사가 될 사람들이 성경을 100번은 읽어야지! 100번도 안 읽고 무슨 목회를 하려고 하나. 그래서 말씀의 능력이 생기겠나."

참으로 공포스럽고 잊을 수 없는 면접이었다. 우리는 성경을 왜 가까이 하는가? 자신의 영적 능력을 키우기 위해서가 아니다. 하나님을 알아 가기 위해서다.

기도도 마찬가지다. 우리는 왜 기도하는가? 하나님과 교제하며 하나님을 알아 가기 위해서다. 기독교의 기도는 자기 소원을 이루는 도깨비 방망이가 아니다. 자기계발을 위한 훈련도 아니다.

가짜 성화는 기도를 많이 해야 능력이 생기고 영이 강해진다고 말한다. 그런 식으로 기도를 하니 오래한 사람일수록 영적으로 교만해지는 것이다. 40일 금식 기도를 자랑으로 삼는 것이다. 어떤 목사가 자기 명함에 "금식기도 ○○

회"라는 문구를 기재했다는 웃지 못할 말도 들었다.

기도의 분량에 따라 영성이 결정된다고 가르치면, 기도를 많이 하는 사람들이 교만해지기 쉽다. 모두가 그런 것은 아니지만 이른바 '기도를 많이 한다'는 이들을 만나면 마음이 불편해질 때가 많다. 자기가 몇 시간이나 기도했는지 자랑하며, 남들이 경험하지 못한 영의 세계를 알고 있는 듯 이야기하니 말이다.

한번은 신령하다는 어떤 선교사를 만났는데, 그는 나를 보자마자 초면에 대뜸 이렇게 말했다.

"목사님은 영이 다르시네요."

마치 나의 영을 꿰뚫어 보는 듯이 거룩한 표정을 지으면서 말이다. 이러한 가짜 성화의 부작용이 공동체를 힘들게 한다. 왜곡된 영적 권위를 내세우고 무속 종교 같은 기도생활을 하면서 교회를 어렵게 한다.

성경이 가르치는 기도는 무엇인가?

> 그러므로 너희는 이렇게 기도하라 하늘에 계신 우리 아버지여 이름이 거룩히 여김을 받으시오며 나라가 임하시오며 뜻이 하늘에서 이루어진 것같이 땅에서도 이루어지이다 오늘 우리에게 일용할 양식을 주시옵고 우리가 우리에게 죄 지은

자를 사하여 준 것같이 우리 죄를 사하여 주시옵고 우리를 시험에 들게 하지 마시옵고 다만 악에서 구하시옵소서 (나라와 권세와 영광이 아버지께 영원히 있사옵나이다 아멘). 마 6:9-13

예수님께서 가르치신 주기도문을 보면 기도의 핵심 가치를 배울 수 있다. 간단히 정리하면 다음과 같다.

- 하늘에 계신 우리 아버지: 하나님과의 관계
- 이름이 거룩히 여김을 받으시오며: 하나님의 명성
- 나라가 임하시오며: 하나님의 나라
- 뜻이 하늘에서 이루어진 것같이 땅에서도 이루어지이다: 하나님의 뜻
- 일용할 양식: 하나님의 공급
- 죄를 사하여 주시옵고: 하나님의 용서
- 시험에 들게 하지 마시옵고: 하나님의 승리
- 악에서 구하시옵소서: 하나님의 보호
- 나라와 권세와 영광: 하나님의 영광

기도는 하나님을 구하는 것이다. 나의 뜻을 구하는 시간이 아니라 하나님의 뜻을 구하는 시간이다. 하나님과 교제

하며 그분을 알아 가는 시간이다. 내가 능력을 받는 시간이 아니라 능력을 알아 가는 시간이다. 기도를 많이 하는 것도 중요하지만 올바로 하는 것이 더 중요하다. 기도의 축복을 누리는 우리가 되길 소망한다.

경건생활은 하나님과 교제하며 그분을 알아 가는 축복의 통로다. 이러한 축복을 자기계발의 용도로 사용할 때 경건생활은 오히려 '짐'이 될 수 있다. 하나님과의 교제를 자기계발의 통로로 사용하니 시간이 갈수록 경건생활이 의무감으로 바뀌어 간다.

꾸역꾸역 기도 시간을 채우고 성경 통독표에 한 칸씩 표시를 하지만 하나님을 알아 가는 기쁨보단 주어진 숙제를 해냈다는 성취감에 만족하게 된다. 이러한 생활이 오래되다 보면 앞에서 말했듯 영적으로 지치게 된다. 삶의 변화가 없고, 경건생활이 점점 목을 조여 온다. 그러면서 영적 절망과 위선의 삶이 시작된다.

성화는 나의 변화나 영성 계발에 집중하는 것이 아니다. 진짜 성화는 하나님을 알아 가는 것을 목표로 삼고 그분과 순수하게 교제하는 것이다. 하나님을 알아 가는 것은 평생의 여정이다. 하나님의 자녀가 되었다면 우리는 주님 곁에 가는 그날까지 매일 조금씩 그분을 알아 가는 삶을 살기 시작한다. 하나님을 알아 가는 기쁨이 우리에게 넘치길 소망한다.

13

진짜 성화가 가져오는 것들

자기중심의 가짜 성화는 영적 절망과 위선이라는 치명적인 열매를 맺는다고 했다. 진짜 성화는 우리에게 어떤 열매를 가져다주는가? 하나님을 알기 위해 하나님과 교제하면, 우리 안에 네 가지의 아름다운 열매가 맺힌다.

첫째, 하나님을 사랑하게 된다

진짜 성화는 우리의 마음에 하나님을 향한 사랑을 싹트게 한다. 우리는 하나님을 아는 만큼 사랑할 수 있다. 하나님을 아는 지식 없이 하나님을 사랑할 수 없다. 성경은 하나님이 사랑이시라고 증거한다. 그분이 우리를 먼저 사랑하셨고 우리 죄를 속하기 위해 모든 것을 주셨다. 이 놀라운 사랑을 알아 갈 때 우리는 자연스레 하나님을 사랑하게 된다.

> 하나님은 사랑이심이라 … 사랑은 여기 있으니 우리가 하나님을 사랑한 것이 아니요 하나님이 우리를 사랑하사 우리 죄를 속하기 위하여 화목제물로 그 아들을 보내셨음이라. 요일 4:8, 10

하나님을 사랑하는 것은 하나님께서 우리에게 주신 가장 큰 계명이다. 진짜 성화는 우리를 영광스러운 큰 계명으로 인도한다. 하나님은 사랑받고 싶어하신다. 하나님의 가장 큰 소원은 자녀들의 사랑을 받는 것이다. 이 소원을 이루어 드리는 우리가 되길 바란다.

> 예수께서 대답하시되 첫째는 이것이니 이스라엘아 들으라 주 곧 우리 하나님은 유일한 주시라 네 마음을 다하고 목숨을 다하고 뜻을 다하고 힘을 다하여 주 너의 하나님을 사랑하라 하신 것이요 둘째는 이것이니 네 이웃을 네 자신과 같이 사랑하라 하신 것이라 이보다 더 큰 계명이 없느니라. 막 12:29-31

하나님을 향한 사랑은 자연스레 이웃을 향한 사랑으로 이어진다. 하나님과의 관계와 사람과의 관계는 연결되어 있다. 동전의 양면과 같다. 하나님을 사랑하면 그 열매로 주위의 이웃을 사랑하게 된다. 이것은 성경이 가르치는 하늘의 절대 공식이다.

> 누구든지 하나님을 사랑하노라 하고 그 형제를 미워하면 이는 거짓말하는 자니 보는 바 그 형제를 사랑하지 아니하는 자는 보지 못하는 바 하나님을 사랑할 수 없느니라. 요일 4:20

진짜 성화는 우리 안에 하나님을 사랑하는 마음을 심어 준다. 시간이 걸릴 수 있어도 하나님을 조금씩 알아 가면서 그분을 향한 사랑이 자라기 시작한다.

하나님을 사랑하면 어떤 삶을 살게 되는가? 하나님을 향한 사랑은 우리를 이웃 사랑과 순종으로 이끈다. 참된 사랑은 참된 행동으로 이어지게 마련이다. 성경의 계명들은 지키기가 힘들다. 순종하기가 쉽지 않다. 그러나 사랑이 싹트면서 순종이 현실이 되기 시작한다. 예수님은 이렇게 말씀하셨다.

너희가 나를 사랑하면 나의 계명을 지키리라. 요 14:15

사랑하면 순종하게 된다는 말씀이다. 순종은 사랑의 결과다. 사랑이 없는 순종은 의무요 율법에 불과하다. 그러나 사랑에서 우러난 순종은 기쁨과 감사가 된다. 순종은 나의 '영발'로 하는 게 아니라 사랑으로 한다. 사랑은 순종하게 하는 능력이 있고, 무거운 짐도 가볍게 만드는 힘이 있다.

하나님을 사랑하는 것은 이것이니 우리가 그의 계명들을 지키는 것이라 그의 계명들은 무거운 것이 아니로다. 요일 5:3

진짜 성화는 하나님을 사랑하는 순종의 삶으로 우리를 인도한다.

둘째, 하나님을 경외하게 되다

진짜 성화는 하나님을 향한 거룩한 두려움으로 우리를 이끈다. 하나님을 알아 갈수록 그분이 얼마나 크신지 알게 된다. 우주 만물을 창조하신 가장 높고 광대하신 하나님을 만나게 된다. 말로 형언할 수 없고, 그 어떤 것으로도 표현할 수 없는 하나님의 위대하심 앞에 서게 된다.

성경은 처음부터 끝까지 하나님의 위대하심을 선포한다. 처음이고 나중이신 알파와 오메가의 하나님을 보여 준다. 하나님의 창조, 하나님의 섭리, 하나님의 구원, 하나님의 동행, 하나님의 전쟁, 하나님의 보호, 하나님의 인도, 하나님의 승리, 하나님의 정의, 하나님의 능력, 하나님의 영광, 하나님의 사랑 등 성경 구석구석마다 하나님이 얼마나 높으신지, 얼마나 아름다우신지, 얼마나 영광스러운지 나타내고 있다.

특히 시편은 높고 높으신 하나님을 경배하는 아름다운 노래들로 가득하고, 잠언은 인간의 어떤 학문이나 지식과 비교할 수 없는 하나님의 지혜를 가르친다. 하나님을 알아 갈수록 우리는 그분의 경이로움 앞에 무릎을 꿇게 된다.

할렐루야 하늘에서 여호와를 찬양하며 높은 데서 그를 찬양할지어다 그의 모든 천사여 찬양하며 모든 군대여 그를 찬양할지어다 해와 달아 그를 찬양하며 밝은 별들아 다 그를 찬양할지어다 하늘의 하늘도 그를 찬양하며 하늘 위에 있는 물들도 그를 찬양할지어다 그것들이 여호와의 이름을 찬양함은 그가 명령하시므로 지음을 받았음이로다. 시 148:1-5

오래전에 해외에서 열리는 컨퍼런스에 참석했다. 여러 목사님들이 설교를 했는데, 그중에 잊을 수 없는 설교가 있다. 패션(Passion) 선교단체를 이끄는 루이 기글리오 목사님의 "인디스크라이버블"Indescribable, 형언할 수 없는이라는 제목의 강의다. 강의 내용은 단순하다. 우주의 은하계를 설명하면서 하나님이 얼마나 크신 분이신지를 이야기했다. 그 위대하신 하나님께서 먼지보다 못한 우리를 구원하기 위해 인간의 몸을 입고 십자가를 지셨다는 내용이다.

지금도 잊을 수 없는 것이, 강의가 끝난 후 나는 아무것도 할 수 없었다. 하나님의 크고 위대하심 앞에서 어떤 말도, 어떤 표현도 할 수 없었다. 그냥 그 자리에 무릎을 꿇고 아주 작은 목소리로 고백했다.

"하나님, 죄송합니다. 죄송합니다. 하나님은 제게 너무 크신 분입니다."

> 시몬 베드로가 이를 보고 예수의 무릎 아래에 엎드려 이르되 주여 나를 떠나소서 나는 죄인이로소이다 하니. 눅 5:8

어부 베드로는 자신이 평생 일해 온 갈릴리라는 일터에서 어떤 전문가보다 실력이 뛰어난, 자연의 법칙보다 위대한 하나님의 크심을 경험한다. 그리고 그 자리에 무릎을 꿇고 두려움에 떨며 자복하기 시작한다. 하나님의 위대하심을 알게 되면 그분을 향한 경외심이 나타난다. 경외란 공포에 떨며 무서워하는 게 아니라 극진한 존경 속에서 두려워하는 것이다. 진짜 성화는 하나님을 경외하게 한다.

하나님을 경외하는 자는 어떤 삶을 살아가는가? 우리 안에 주님을 향한 경외가 있다면 크게 두 가지 삶의 모습이 나타난다. 바로 예배와 거룩함이다. 예배는 하나님을 높이는 것이다. 하나님의 크심을 아는 자만이 진정한 예배를 드릴 수 있다. 또한 진정으로 하나님을 두려워한다면, 죄와 악을 멀리하고 거룩함을 추구하게 된다.

> 여호와를 경외하는 것은 악을 미워하는 것이라 나는 교만과 거만과 악한 행실과 패역한 입을 미워하느니라. 잠 8:13

죄는 나의 영성으로 이기는 것이 아니라 하나님을 경외하는 마음으로 극복하는 것이다. 사람들이 왜 죄를 짓는가? 하나님을 두려워하지 않아서다. 하나님이 진짜로 두렵다면 함부로 살 수 없다. 하나님을 경외함으로 우리는 죄와 악에서 벗어나게 된다. 진짜 성화는 하나님을 경외하는 거룩한 삶으로 우리를 인도한다.

셋째, 우리는 작아진다

하나님이 얼마나 크신지 알게 되면 상대적으로 우리는 작아진다. 성화는 우리를 참된 겸손으로 인도한다. 성경에 나오는 하나님의 사람들을 보라. 그렇게 위대한 업적을 이루고도 겸손함을 잃지 않는다. 수많은 전쟁에서 승리하고 하나님의 인정을 받은 다윗의 고백을 보라. 그는 하나님 앞에서 한없이 작은 자였다.

> 아버지가 자식을 긍휼히 여김같이 여호와께서는 자기를 경외하는 자를 긍휼히 여기시나니 이는 그가 우리의 체질을 아시며 우리가 단지 먼지뿐임을 기억하심이로다 인생은 그 날이 풀과 같으며 그 영화가 들의 꽃과 같도다. 시 103:13-15

세계 선교의 기초를 쌓은 사도 바울도 자신을 죄인 중의 괴수라 부르면서 하나님 앞에서 낮아짐을 잊지 않았다. 하나님을 알아 갈수록 우리는 점점 작아진다. 가짜 성화는 나를 영적 거장으로 만들려고 한다. 하지만 진짜 성화는 나를 '작은 자'로 만든다.

겸손이 왜 중요한가? 하나님은 겸손한 자를 기뻐하시고 교만을 멸시하신다고 성경 곳곳에 기록되어 있다.

> 사람의 마음의 교만은 멸망의 선봉이요 겸손은 존귀의 길잡이니라. 잠 18:12

> 겸손한 자는 먹고 배부를 것이며 여호와를 찾는 자는 그를 찬송할 것이라 너희 마음은 영원히 살지어다. 시 22:26

겸손은 우리를 어떤 삶으로 인도하는가? 하나님을 의지하는 삶이다. 겸손한 자는 매사에 하나님을 의지하게 된다. 하나님은 우리가 그분을 의지할 때 기뻐하신다. 세상에서 말하는 성숙은 독립된 존재가 되는 것이지만, 성경이 말하는 성숙은 더욱 더 하나님을 의지하는 존재가 되는 것이다. 하나님 없이는 아무것도 할 수 없음을 인정하고 하늘을 바라보는 사람들에게 때를 따라 도우시는 주님의 은혜가 임한다.

어떤 사람은 병거, 어떤 사람은 말을 의지하나 우리는 여호

와 우리 하나님의 이름을 자랑하리로다. 시 20:7

여호와는 나의 힘과 나의 방패이시니 내 마음이 그를 의지하여 도움을 얻었도다 그러므로 내 마음이 크게 기뻐하며 내 노래로 그를 찬송하리로다. 시 28:7

성화는 내가 커지는 것이 아니다. 내가 작아지는 것이다. 내가 먼지보다 못한 존재임을 깨닫고 전적으로 하나님을 의지하며 살아가는 것이 진짜 성화의 삶이다. 가짜 성화에 익숙한 우리는 조금이라도 더 커지려고 부단히 애쓴다. 그러나 진짜 성화는 하나님이 점점 커지고 나는 점점 작아지는 것이다. 진짜 성화는 하나님을 의지하는 겸손한 삶으로 우리를 인도한다.

넷째, 하나님의 뜻과 비전을 알게 된다

성경은 우리를 향한 하나님의 뜻으로 가득하다. 우리가 어떻게 살아야 하는지, 무엇을 위해 살아야 하는지 아주 선명하게 기록되어 있다. 그래서 성경을 알수록, 하나님을 알아 갈수록 우리를 향한 하나님의 뜻을 배우게 된다. 하나님의 뜻과 비전은 기도를 통해 신비한 방식으로 받는 것이 아니다. 성경에 이미 기록되어 있는 것을 믿음으로 받아들이고 순종하는 것이다.

많은 젊은이들이 하나님의 뜻과 비전을 구한다. 기도하고 금식하며 비전을 구한다. 우리가 알아야 할 것은 기독교는 신비주의의 무속 종교가 아니라는 것이다. 하나님의 뜻과 비전은 신비한 방식으로 갑자기 계시되지 않는다. 말씀과 기도로 하나님을 알아 가는 자들이 자연스럽게 발견하는 것이다. 우리는 자신의 비전이 아니라 하나님의 비전을 구해야 한다.

성경에 기록되어 있는 우리를 향한 하나님의 뜻, 하나님의 비전은 무엇인가? 매우 간단하다. 하나님을 사랑하고, 이웃을 사랑하며, 모든 족속을 제자 삼는 선교의 삶을 사는 것이다.

선교는 모든 그리스도인들을 향한 하나님의 절대적인 뜻이다. 선교는 은사도 아니고, 특별한 사람을 위한 특별한 부르심도 아니다. "나는 아직 미숙해서 선교를 할 수 없어요"라고 말하는 사람이 있지만, 선교는 성숙의 결과가 아니라 구원의 결과다. 진정으로 구원받은 하나님의 자녀이고 하나님을 사랑한다면, 선교가 삶의 목표가 된다.

하나님을 알아 갈수록 성경이 제시하는 삶의 방향이 우리 삶의 방향이 된다. 성경이 말하는 비전이 우리의 비전이 된다. 하나님을 아는 지식은 우리를 하나님의 꿈으로 안내한다.

> 예수께서 나아와 말씀하여 이르시되 하늘과 땅의 모든 권세를 내게 주셨으니 그러므로 너희는 가서 모든 민족을 제자로 삼아 아버지와 아들과 성령의 이름으로 세례를 베풀고 내가 너희에게 분부한 모든 것을 가르쳐 지키게 하라 볼지어다 내가 세상 끝날까지 너희와 항상 함께 있으리라 하시니라. 마 28:18-20

성경 여러 곳에 선교의 꿈과 계획이 기록되어 있다. 하나님을 알아 가며 그 꿈을 품는 우리가 되길 소망한다. 하나님의 뜻을 발견한 사람들은 어떤 삶을 살게 되는가? 그 꿈을 향해 헌신하게 된다. 성화는 우리를 헌신자로 만든다. 목숨 바쳐 주님의 비전을 향해 나아가는 사역자로 만든다. 헌신은 특별한 은혜가 아니다. 헌신은 하나님을 알아 가는 자들이 자연스럽게 맺는 열매다.

내가 달려갈 길과 주 예수께 받은 사명 곧 하나님의 은혜의 복음을 증언하는 일을 마치려 함에는 나의 생명조차 조금도 귀한 것으로 여기지 아니하노라. 행 20:24

진짜 성화는 하나님의 뜻을 따르는 선교의 삶으로 우리를 인도한다.

14
쉬운 멍에

수고하고 무거운 짐 진 자들아 다 내게로 오라 내가 너희를 쉬게 하리라 나는 마음이 온유하고 겸손하니 나의 멍에를 메고 내게 배우라 그리하면 너희 마음이 쉼을 얻으리니 이는 내 멍에는 쉽고 내 짐은 가벼움이라 하시니라. 마 11:28-30

지금도 많은 그리스도인들이 가짜 성화라는 무거운 짐을 지고 쩔쩔매며 꾸역꾸역 신앙생활을 하고 있다. 자기 신앙이 좋아지고, 자기가 변화하는 데 초점을 맞춘 자기중심의 가짜 성화는 반드시 우리를 넘어뜨리고 위선적인 삶으로 안내한다.

반면에 예수님은 우리를 쉼으로 초대하신다. 죄책감과 영적 절망감에 사로잡혀 지치고 곤한 그리스도인들이 참된 쉼을 얻길 소망한다. 무거운 짐을 벗고 예수님께서 주시는 쉬운 멍에를 메고 참된 쉼을 누리는 우리가 되길 원한다. 매일매일 하나님과 교제하며 그분을 알아 가고 그분을 기뻐하고 사랑하는 진짜 성화의 삶이 우리에게 나타나길 기도한다.

나는 지금껏 어떤 성화의 삶을 살아 왔는가?

가짜 성화

- 잘못된 성화는 영적 요요 현상을 가져온다.
- 가짜 성화는 자기 신앙을 좋게 하는 데 목표를 둔다. 이것은 영적인 자기숭배다.
- 가짜 성화는 열심히 노력해야 신앙이 좋아진다고 가르친다. 그러나 아무리 노력해도 변하지 않는 자신과 대면하게 된다.
- 가짜 성화는 영적 절망과 위선적인 삶으로 우리를 인도한다. 그러면 기쁨과 감사가 사라지고 불평과 비난이 일어난다.
- 가짜 성화는 우리를 지치고 피곤하게 한다.

진짜 성화

- 진짜 성화는 하나님을 알아가는 것이 목표다.
- 하나님을 알기 위해선 그분과 교제해야 한다.
- 말씀과 기도는 하나님과 교제하는 방편이지 자기 영성 계발 프로그램이 아니다.
- 하나님을 알아 가면 아름다운 열매를 맺는다. 하나님을 사랑하고 경외할 때 나는 작아지고 겸손해진다.
- 하나님을 알아 가면 그분의 비전을 발견하고 헌신하게 된다.
- 진짜 성화는 예수님을 기쁜 마음으로 따르게 한다.

● PART 3 ●

진짜 사역

세상의
복판에서
외치다

15

사역을 시작하다

예수님을 믿고 그분의 비전이 나의 비전이 되었다. 사람을 살리고 싶은 하나님의 꿈이 나의 꿈이 되었다. 말씀을 전파하고 가르치는 주의 종이 되고 싶었고, 열방에 복음을 전하는 선교사가 되고 싶었다. 그래서 학부를 마치고 신학대학원으로 갔다. 신학대학원 생활도 적극적으로 하고, 주변에 좋은 교육이나 프로그램이 있으면 참여하여 열심히 배웠다.

신학대학원에 입학하면서 이모부가 섬기는 교회의 교육 전도사로 부임하게 되었다. 20대의 젊은 나이에 사역자의 삶을 시작했다. 어린이 부서와 찬양팀을 맡아서 사역을 배웠다. 맡은 일을 잘하고 싶어서 책도 많이 읽고 사례 연구도 많이 했다. 2년 정도 이모부 교회에서 사역을 배우며 섬겼는데, 나의 잘못으로 인해 책임을 지고 사임하게 되었다. 내가 담당했던 청년들과의 관계에서 처신을 잘못하여 공동체를 힘들게 하고 많은 사람들에게 상처를 주었다. 지금도 너무 죄송하고 부끄럽다. 정말 멋있고 능력 있는 사역자가 되고 싶었는데 그만 첫 사역지에서 철저한 실패와 아픔을 경험했다.

영적 절망감에 빠져서 몇 달을 낙심하며 살았다. 2부에서 나눈 가짜 성화의 삶이 나의 모습이었다. 내 자신이 싫어지고 신앙생활 자체가 부담스러워졌다. 도망가고 싶었다. 신학대학원도 휴학하고 모든 것을 내려놓고 개인 시간을 가지면서 고민의 나날을 보냈다.

지금 생각해 보면 사역 초기에 짧고 굵은 광야의 삶을 경험했다. 광야의 어두운 터널을 지나면서 지금의 사랑하는 아내를 만나 결혼을 하고 용기를 내어 신학대학원에 복학했다. 사역자로 살아가는 것이 두려워서 적극적으로 사역지를 구하지 않았는데, 신학대학원 선배의 적극적인 권유로 분당에 있는 교회에 들어가게 되었다. 박은조 목사님이 시무했던 분당 샘물교회다.

분당 샘물교회는 그 당시 건강한 교회로 좋은 본을 보이고 있었다. 교회가 지상파 TV에 소개되면서 깨끗하고 투명한 교회로 좋은 모델이 되었고, 박은조 목사님은 탁월한 강해 설교자로, 또한 겸손한 인격의 소유자로 많은 이들의 존경을 받는 분이었다. 나는 아무것도 모른 채 좋은 교회에 부임하게 되었다. 처음에 영어예배부와 어린이 부서를 섬겼고, 부임한 지 1년 만에 전임 사역자가 되어 보다 많은 사역을 경험하게 되었다. 청소년부 디렉터, 찬양팀, 전도폭발, 교육목사, 성령수련회, 맞춤전도집회 등 맡겨진 일들을 열심히 섬겼다.

7년간 분당 샘물교회에 있으면서 많은 것을 배웠다. 담임목사님이 검소하고 겸손하게 사는 모습을 보며 무대 위의 사역보다 중요한 사역자의 자질을 배웠다. 여러 교단의 교역자들이 가족처럼 지내는 모습을 보며 그리스도 안에서 이루는 참된 연합을 알게 되었다. 건강하고 투명한 교회의 제도를 보면서 진정한 거룩함이 무엇인지 깨달았다.

사역자들에게 여러 배움의 기회가 주어져 국내외 좋은 세미나와 컨퍼런스에 참석하며 시야를 넓힐 수 있었고, 많은 선교지를 다니면서 값진 경험을 할 수 있었다. 전임 사역자로 섬겼지만 스케줄을 자유롭게 조정할 수 있어 마음의 여유가 있는 시간을 보냈다. 보통은 바쁨과 속도감에 파묻혀 방향성을 잃기 쉬운데, 샘물교회에선 고민하며 기도하는 시간을 확보할 수 있었다.

감사하게도 7년이라는 기간 동안 생산적인 고민을 많이 할 수 있었다. 신학적인 고민, 사역적인 고민, 그리스도인으로서 살아가는 것에 대한 고민 등 본질을 향한 나의 고민들이 대부분 이 시기에 시작되었다. 믿음이 무엇인지, 성화가 무엇인지, 예배가 무엇인지, 목회가 무엇인지, 교회가 무엇인지, 사역이 무엇인지 고민하고 생각하고 기도하고 탐구하는 가운데 성령님께서 나를 천천히 본질로 이끄셨다.

16
고민도 시작되다

샘물교회 시절, 수요 예배 시간에 말씀을 듣고 있는데 문득 한 생각이 스쳤다.

'지금도 바깥 세상에선 수많은 사람들이 복음을 모른 채 죽어 가고 있는데, 우리는 지금 여기서 무엇을 하고 있는가?'

'지금도 세상은 고통과 어둠 속에 신음하고 있는데, 우리 그리스도인들은 매주 아니 거의 매일 이렇게 교회에 모여서 무엇을 하고 있는가?'

당황스러운 질문이 떠올랐고 나는 깊은 생각에 잠겼다. 교회에 모여서 예배하고 기도하고 훈련받고 교제하는 것은 중요한데, 과연 우리는 세상에 어떤 영향을 끼치고 있는가? 나는 한 사람의 그리스도인으로서 세상에 선한 영향을 주고 있는가?

> 너희는 세상의 소금이니 소금이 만일 그 맛을 잃으면 무엇으로 짜게 하리요 후에는 아무 쓸데없어 다만 밖에 버려져 사람에게 밟힐 뿐이니라 너희는 세상의 빛이라 산 위에 있는 동네가 숨겨지지 못할 것이요. 마 5:13-14

예수님은 우리를 세상의 소금과 빛으로 부르셨다. 소금과 빛은 기독교에서 자주 사용하는 유명한 문구다. 〈빛과 소금〉이라는 기독교 잡지도 있고, 동명의 CCM 그룹도 있다. 우리는 기도할 때마다 빛과 소금으로 살게 해달라고 기도한다. 그러나 이 본문에서 중요한 것은 예수님께서 우리를 어디의 소금과 빛으로 부르셨는가다. 그곳은 바로 '세상'이다. 우리는 세상의 소금이고, 세상의 빛이다. 세상은 우리가 소금 역할을 하고 빛을 발해야 하는 현장이다.

마태복음 말씀을 토대로 돌아보니 나는 소금과 빛의 사명을 감당하지 못하며 살고 있었다. 내게는 세상이라는 현장이 없었다. 내게 사역 현장은 교회지 세상이 아니었다. 목회자로서 내가 만나고 섬기는 사람은 모두 그리스도인이었고, 내가 헌신하는 일은 전부 다 '교회 일'이었다. 목회자여서 어쩔 수 없는 부분도 있지만, 목회자가 아닌 한 명의 그리스도인으로서 나는 부르심에 합당하게 살지 못하고 있는 것만 같았다. 그러한 사실이 슬펐다.

사역이란 무엇인가? 오늘날 사역이라는 이름으로 많은 일들이 이루어지고, 많은 이들이 사역자라는 타이틀로 살고 있는데, 대부분의 사역이 기독교 테두리 안에서 '믿는 사람들'을 대상으로 이루어지고 있다. 교회 일이 가짜 사역이라는 말은 아니다. 지금도 곳곳에서 진행되는 기독교 사역이 가짜라는 말도 아니다. 하지만 우리의 사역이 얼마나 세상이란 현장을 대상으로 하고 있는지 냉정하게 점검해 봐야 한다. 세상에 빛을 발하며 살라고 예수님께서 교회를 세우셨는데, 우리는 지나치게 교회 중심의 사역에 빠져 있는 듯하다.

오늘날 교회들의 보편적인 꿈은 '교회 성장'이 되었다. 교회 성장이 꿈이다 보니 교회에서 하는 많은 사역들이 교회를 중심으로 이루어진다. 전도 집회나 새생명 축제와 같은 행사도 있지만, 대부분의 사역이 교회 내부인을 위한 것들이다. 특히 현대 교회는 사역과 행사가 굉장히 많다. 각종 모임과 훈련 프로그램, 집회와 수련회가 꼬리에 꼬리를 물고 이어진다. 매년 사역 일정들이 빽빽이 들어차 있다. 목회자의 임무는 최대한 많은 인원을 동원하여 행사를 성공리에 마치는 것이다. "얼마나 모였는가?" "반응이 어땠는가?"가 사역의 성공을 가늠하는 척도가 되었다.

부족하지만 나는 이곳저곳 집회를 다니며 설교를 한다. 수련회든 집회든 가서 자주 듣는 마음 아픈 이야기가 있다. 집회를 주최하는 사역자가 정말 미안한 표정으로 내게 이렇게 말한다.

"정말 죄송합니다. 이번에 많이 모이지 못했습니다."

목회자는 이번 행사에 몇 명이나 올지 몰라 늘 조마조마해 한다. 외부 강사를 초청하면 그 간절함은 더욱 절박해진다. 도대체 무엇을 위한 절박함인가? 교회에서 기계적으로 반복되는 사역들은 정말 하나님께서 기뻐하시는 일들일까?

우리가 흔히 말하는 '교회 사역'이란 말 자체가 어쩌면 틀린 표현일 수 있다. 교회는 사역 현장이 아니다. 세상이 사역 현장이다. 교회에서 사역하는 것이 아니라 교회가 세상에서 사역을 해야 한다. 하나님의 일은 교회에서 하는 것이 아니라 세상에서 하는 것이 아닌가.

수년간 기독교는 교회 일을 하나님의 일이라고 가르치며 성도들에게 헌신을 요구했다. 그 결과 오늘날 많은 성도들이 교회에서 헌신하고 교회 일에 열심을 내지만, 정작 사역이 필요한 세상의 현장으로부턴 점점 멀어지고 있다. 아주 헌신적인 성도들은 교회 일을 위해 세상 일을 희생시킨다. 회사 일과 가정 일을 뒤로하고 교회 일에 충성을 다한다. 그러다가 현실에서 곤란을 겪는 이들이 종종 있다.

지나치게 교회 중심인 사역도 문제지만 양육도 마찬가지다. 교회는 성도를 양육해야 한다. 말씀을 가르치고 제자를 세우는 것은 절대적인 부르심이다. 요즘은 어느 시대보다 다양한 양육 프로그램이 만들어지고 있다. 대형 교회의 커리큘럼을 보면 거의 신학교 수준에 달한다. 다양한 단계가 있고 수료까지 기간도 몇 년이나 걸린다. 그러나 이 모든 것이 무엇을 위한 양육인가?

안타깝게도 대부분의 교회에서 제공하는 양육 프로그램은 교회의 일꾼을 만드는 데 그 목적이 있다. 수년 동안 열심히 훈련시켜서 직분을 주고 교회 일을 맡기는 것이 교회의 조직 시스템이다. 어쩌면 2부에서 언급했던 가짜 성화 기반의 시스템일 수도 있다. 너무나 당연히 우리는 이 시스템 안에서 아무 의심 없이 교회생활을 해왔다.

어릴 적에 부흥회에 가면 부흥사들이 이렇게 설교했다.

"은혜 받으세요! 그리고 교회에서 죽도록 봉사하세요! 헌금하고, 십일조하고, 금식하고, 성전 청소하고, 주일학교 교사하고, 성가대 하고, 주의 종한테 잘하고 헌신하세요. 그러면 복받습니다."

우리는 오랫동안 이러한 설교를 들었다. 주의 종이 영적 권위를 내세우며 가르치는 모든 것을 그냥 '아멘'으로 받았다. 그러다 보니 '신앙생활 = 교회생활, 하나님의 일 = 교회 일, 하나님 일꾼 = 교회 일꾼'이라는 공식이 성립되었다. 교회생활만 잘하면 목사님들이 칭찬하고 인정해 주었다. 교회에서 보내는 시간의 양이 신앙 성숙의 척도가 되고, 교회 일 많이 하고 헌금을 많이 하면 중직자가 되었다. 결국 현대 기독교는 '하나님의 사람'보다 '교회 사람'들을 일으켜 온 셈이다.

그리스도인들은 세상의 빛이 되어 일상에서 하나님 나

라를 살아가도록 부르심을 받았다. 그러나 안타깝게도 오늘날 기독교는 일탈의 성격을 띠고 있다. 우리는 세상에서 탈출하여 교회 안으로 들어왔고, 세상과 단절하고 사는 것이 '거룩함'이라고 배웠다. 세상은 우리를 유혹하는 소돔과 고모라이기에 최대한 멀리해야 하지만, 생계 유지를 위해 어쩔 수 없이 발 담고 있어야 하는 곳이 되었다. 그래서 많은 그리스도인들이 '교회생활 따로, 세상생활 따로'의 이원론적인 삶을 살아간다. 그 결과 기독교 테두리 안에선 신앙인이지만, 세상에선 신앙과 상관없이 일반인으로 살아가는 모순된 모습을 보이게 되었다.

세상에 빛을 발하며 살라고 예수님께서 교회를 세우셨는데, 우리는 지나치게 교회 중심의 사역에 빠져 있지 않은가?

17

고립된 기독교

하나님의 은혜로 구원을 받아 빛의 자녀가 되었다면 우리는 세상의 빛으로 살아야 한다. 그런데 어찌된 일인지 빛이 되고 난 다음엔 빛들끼리만 몰려다니는 새로운 스타일의 삶(신앙생활)이 시작된다. 그것이 요즘 우리가 흔하게 접하는 기독교 문화, 교회 문화다. 하나님의 자녀로서 세상 깊숙이 들어가 빛을 발해야 하는데, 우리는 그 반대로 하고 있는 듯하다.

대학생 때 은혜를 받고 내가 받았던 대부분의 신앙 교육도 "세상을 멀리 하라, 세상을 피하라, 세상 친구를 끊어라" 등이었다. 나는 당연히 그것이 옳은 줄 알았다. 세상 모임을 끊고 교회 모임에 힘을 쏟고, 세상 인맥을 정리하고 교회 친구들을 새로 만나면서 점점 세상과 멀어졌다. 일주일에 5일 정도를 교회에 갔고, 만나는 대부분의 사람들도 선교단체 아니면 교회 친구들이었다. 교회에서 봉사하며 여러 일들을 했다. 물론 즐거웠다. 은혜로웠고 행복했다. 그러나 시간이 지날수록 세상에 아무 영향도 끼칠 수 없을 정도로 거리감이 생겼다.

예전에 교회에서 전도폭발이라는 훈련 프로그램을 섬긴 적이 있다. 45분 정도의 복음 메시지를 암기해서 관계 전도를 하는 프로그램이다. 전도폭발을 수료하려면 적어도 한두 명에서 열 명까지 관계 전도를 해야 하는데, 수료할 때가 가까워지면 늘 재미난 현상이 일어난다.

전도 대상자가 없어 쩔쩔 매는 훈련생이 생긴다. 신앙생활을 오래한 사람일수록 그러하다. 주변에 온통 그리스도인밖에 없어 전도할 사람이 없는 것이다. 비신자와는 관계를 끊은 지 오래되어 관계 전도 자체가 불가능한 처지다. 그래서 안타깝게도 수료를 못하는 훈련생이 간혹 생긴다. 반면에 예수님을 믿은 지 얼마 안 된 훈련생은 주변이 전부 전도 대상자여서 별 문제 없이 수료를 한다.

교회생활을 오래하다 보면 전도할 사람이 주변에서 점점 사라진다. 때론 믿지 않는 친척과도 서서히 연락을 끊게 된다. 그리고 교회 안에서 형성된 성도의 교제에만 힘을 쏟는다. 그런 상황이 이해가 되긴 한다. 비신자와 만나면 불편한 점이 여러 모로 생긴다. 대화 주제에도 한계가 있고, 때론 세상의 유혹을 받을 수도 있기 때문에 관계를 깊이 맺기가 부담스럽다. 교회에서도 세상을 멀리하라고 배웠기 때문에 그리스도인들은 서서히 세상과 단절하며 살기 시작한다.

그리스도인들은 회사의 회식이나 학교의 MT나 OT에 참석하면 좋을 게 없다고 배운다. 주말엔 교회에 가서 봉사하고 예배를 드려야 하니 주말에 있는 학교 모임이나 회사 모임에는 당연히 갈 수 없다. 학교 선배나 직장 상사가 압력을 넣고 공격하면, 이를 거룩한 고난이라 여기고 영적 전쟁에서 승리할 것을 다짐하며 더욱 교회에 나오길 힘쓴다. '불금'의 유혹을 뿌리치고 금요 기도회에 나오는 사람들은 교회에서 인정받는 신앙인으로 금세 자리를 잡는다.

나 역시 수년 동안 그렇게 살았다. 비신자들은 나를 유혹하는 악마이고, 세상은 소돔과 고모라 같은 악의 구렁텅

이므로 아예 접근 금지 구역으로 여기며 살았다. 그러나 세상은 우리의 사역지이고, 비신자들은 우리가 섬겨야 하는 대상들이다.

전도는 인격적인 장기전이다. 복음은 인격적인 관계 안에서 흘러 들어간다. 그렇기 때문에 예수님께서 몸소 이 땅에 오신 것이다. 예수님은 인간의 몸을 입고 오셔서 죄인들의 친구가 되어 주셨다. 함께 살고, 함께 울고, 함께 웃는 가운데 복음이 전파된다.

오늘날의 문제는 무엇인가? 우리는 전도를 비인격적인 단기전으로 한다. 인격적인 관계가 없는 사람들에게 비인격적으로 복음을 전하고 단기로 끝을 낸다. 전도는 마술이 아니다. 복음의 마술봉을 흔들어 단번에 영혼들을 구할 수는 없다. 복음의 능력은 그런 것이 아니다.

한 영혼이 주님께 돌아오는 데는 해산의 고통이 따른다. 인격적인 관계 안에서 기도하고 섬기며 인내하는 가운데 생명이 탄생한다. 그런데 세상과 단절하고 인맥도 끊고 살다 보니 인격적인 전도 자체가 힘들어진다. 주변의 비신자들과 인격적인 관계가 없다 보니 우리는 전혀 모르는 사람들을 대상으로 전도와 선교를 한다.

매년 수많은 청년들이 전혀 알지 못하는 사람들을 만나

러 전혀 알지 못하는 곳으로 잠시 단기 선교를 떠난다. 단기 선교가 신앙에 도전을 주는 것은 확실하다. 그러나 단기 선교가 일회성 행사로 끝나고 우리가 매일 살아가는 일상의 주변 선교로 이어지지 않는다면, 그것은 자기 만족을 추구하는 또 하나의 종교 활동이 될 뿐이다.

> 나의 자녀들아 너희 속에 그리스도의 형상을 이루기까지 다시 너희를 위하여 해산하는 수고를 하노니. 갈 4:19

세상과 단절하고 우리만의 세상에서 살아가는 교회 문화로 인해 기독교는 서서히 세상에서 고립되기 시작했다. 기독교인들은 유독 '우리만의 무엇'을 만드는 것을 좋아하는 것 같다.

대학 시절에 CCM 카페가 유행했다. 생각해 보면 취지는 참 좋다. 담배 연기가 없고 찬양이 흘러나오는 카페라니 얼마나 은혜로운가! 실제로 카페에 들어가면 청년들이 커피를 마시며 성경을 보고 말씀을 나누는 장면들을 보게 된다. 문제는 그런 분위기를 부담스러워하는 비신자는 출입하기가 어렵다는 것이다.

오래전에 그리스도인들만 사용하는 신용카드가 출시된

적이 있다. 카드에 "하나님은 당신을 사랑하십니다"라고 쓰여 있었다. 카드를 사용하면 일정 금액이 선교지에 후원금으로 쓰인다고 했다.

기독 동아리도 없는 학교가 없다. 기독 신우회가 없는 회사도 없다. 그 동아리와 신우회가 선교 지향적이라면 전혀 문제될 것이 없다. 그러나 그것이 단순히 '우리 그리스도인'만의 교제와 모임으로 끝난다면, 언젠가 모임 자체가 변질되고 말 것이다. 이렇게 우리만의 무엇을 좋아하다가 그리스도인만 가는 레스토랑, 그리스도인끼리 모여 사는 아파트, 그리스도인 전용의 버스나 지하철 같은 것이 생길까 봐 두렵다.

마땅히 해야 하는 일을 하지 않으면 쓸데없는 일을 하게 된다. 마땅히 치러야 하는 싸움을 하지 않으면 쓸데없는 싸움을 하게 된다. 적군과 싸우지 않으면 내전이 일어난다. 물은 고이면 썩는다. 그리스도인들이 세상을 사역지로 삼고 비신자들을 복음으로 섬기는 일을 하지 않으면, 결국 교회가 무너지고 만다. 하나님의 부르심을 따라 헌신하지 않는다면 우리가 변질된다.

안타깝게도 요즘 이런 말을 많이 듣는다. "교회가 썩었다, 교회가 분열되었다, 교회끼리 싸운다."

왜 그런가? 물이 고여서 썩은 것이다.

개인도 마찬가지다. 한 사람의 그리스도인으로서 세상으로 들어가 복음을 따라 살지 않는다면 반드시 변질된다. 기독교의 집단 이기주의, 고립된 기독교, 지나친 교회 중심주의가 우리 모두를 무너뜨리고 있진 않은지 돌아봐야 한다.

그리스도인들이 세상을 사역지로 삼고 비신자들을 복음으로 섬기는 일을 하지 않으면, 결국 교회가 무너지고 만다. 하나님의 부르심을 따라 헌신하지 않는다면 우리가 변질된다.

18
선교적 일상교회

나는 세상에 빛을 발하는 선교적 일상교회를 꿈꾼다. 선교적 일상교회가 되기 위해선 먼저 교회가 개혁되어야 한다. 교회 내부의 일을 줄이고 세상 현장을 사역지로 삼아야 한다. 성도들이 매일 살아가는 저마다의 일상을 사역지로 삼을 수 있도록 비전을 제시해야 한다. 그곳에서 복음 사역을 펼쳐 나갈 수 있도록 성도들을 훈련하고 양육해야 한다. 때에 따라 물질과 인력 지원도 해야 한다. 세상 복판에서 사명을 따라 살다가 상처받은 성도들을 위로하고 치유해야 한다.

교회를 섬기는 목회자들이 직업적이고 권위적인 성직자

의 옷을 벗고 성도들의 일상으로 들어와 함께 싸우며 살아 간다면 얼마나 좋을까?

결국 교회 개혁은 목사 개혁에서 시작되는 듯하다. 일상을 섬기는 일상의 교회들이 일어나야 한다. 일상에서 하나님을 높이는 일상의 예배를 회복해야 한다. 교회는 성장하는 것이 아니라 성숙해야 하며 세상의 현장, 일상의 곳곳으로 확장되어야 한다.

구체적으로 어떻게 해야 그런 교회가 될 수 있는진 아직 잘 모르겠다. 하지만 수년간 이러한 고민을 하고 나름대로 몸부림치며 달려 왔다.

분당 샘물교회 시절에 시작된 고민들은 나를 문미엔(문화, 미디어, 엔터테인먼트) 사역으로 이끌었다. 전임으로 교회를 섬기면서 2006년부터 한 주에 한 번 서울에 올라가 회사 신우회 예배 시간에 설교를 하게 되었다. 신학교 선배 목사님이 섬기던 사역인데 잠시 자리를 비우는 몇 주 동안 내가 대신 설교를 하게 된 것이다.

어떤 회사인지 잘 모르고 청담동에 위치한 그곳을 찾아갔다. 가서 보니 그 회사는 연예 기획사 겸 모델 에이전시였다. 믿는 직원들 중심으로 모여서 드리는 작은 규모의 예배였다. 어색한 분위기에서 찬양이 시작되었고, 찬양 후 나는 편안하게 말씀을 나누었다. 단순한 소그룹 예배였다. 특별함도, 화려함도 없었다.

그런데 내 마음에 너무나 큰 기쁨이 찾아왔다. 교회가 아닌 곳에서 하나님을 예배하고 높인다는 점이 가슴 벅차게 다가왔다. 세상 복판에서 말씀을 증거하는 것 자체가 큰 감격이었다. 기쁘게 모임을 마치고 그 다음 주도 기대를 안고 찾아가 함께 좋은 시간을 보냈다. 몇 주 동안 모임을 가지면서 그들의 갈급함을 보게 되었고, 화려함 이면에 있는 아픔과 어두움도 알게 되었다.

2006년도에 우연히 만난 엔터테인먼트 영역이 세상을 향해 나아가는 나의 첫 걸음이 될 줄은 몰랐다. 하나님의 인도하심 가운데 나는 교회 사역을 내려놓고, 2009년부터 문미엔 미니스트리(선교단체)를 시작했다. 문화, 미디어, 엔터테인먼트에 종사하는 이들을 복음으로 일으켜 하나님의 군대로 세워 가겠다는 비전을 가지고 세상 복판으로 나아갔다.

일터에 예배를 세우는 사역과 제자훈련에 초점을 맞추고 한 걸음 한 걸음 나아가면서 문미엔 사역은 점차 안정적으로 성장해 갔다. 엔터테인먼트와 전혀 연관이 없던 내가 하나님의 인도하심 가운데 그 분야의 많은 영혼들을 만나 복음으로 섬기는 은혜를 입었다.

초라하고 작게 시작한 문미엔은 해가 지나면서 점점 자라나 어느덧 300명 이상이 모여 예배 드리는 큰 모임이 되었다. 그러면서 단체가 점점 조직화되고, 전임 사역자만 다섯 명이 있는 든든한 선교단체로 자리를 잡았다. 정기 예배, 헌신자 훈련, 사역자 훈련, 일터 모임, 단기 선교, 봉사활동 등 많은 사역들이 시작되었고, 제법 많은 사람들이 문미엔을 통해 하나님의 사람으로 세워졌다.

모든 것이 잘 돌아가는 것처럼 보였다. 누가 봐도 문미엔은 성공한 단체였다. 그러나 사역 5년차를 맞이한 2013년, 지난 사역들을 점검하는 시간을 가지면서 마음 한 켠이 불편해지기 시작했다. 분명히 세상 속에서 복음을 전하고 사람을 살리려고 시작한 사역이었는데, 시간이 지나면서 처음 마음과 비전에서 멀어진 문미엔을 보았기 때문이다.

덩치가 커지고 조직화되고 시스템화 되면서 보기에 화려한 사역들은 있지만, 막상 섬겨야 할 영혼들을 제대로 섬기지 못하는 우리의 모순된 모습을 보았다. 인격적인 복음 사역은 점점 줄어들면서 기계적인 사역들로 바빠진 것이다. 세상 속으로 들어갔지만 그곳에서 다시 그리스도인들만의 성을 쌓고 있었다. 그 결과 정말 복음이 필요한 사람들을 떠밀어 버리는 우리만의 독단적 문화가 자리를 잡게 되었다.

이러한 문제를 인지하고 리더들이 모여 함께 기도하고 토론한 다음 이사회를 거쳐 2013년 여름, 문미엔 사역을 멈추기로 했다. 갑작스러운 결정에 나를 포함하여 문미엔 지체들이 적잖이 당황했지만 하나님의 인도하심을 신뢰하며 받아들여야 했다.

문미엔 사역을 마치고 한동안 쉬게 되었다. 사역을 멈추게 된 미안함과 혼란스러움이 내 안에 가득했다. 말씀에 순종하여 세상으로 나왔는데, 또 다시 종교의 테두리 안에 갇혀 버린 내 모습이 한심했다. 몇 개월 동안 독서하고 기도하며 개인 시간을 보냈다. 특히 교회론에 대해 고민하면서 어떻게 하면 교회가 세상에 빛을 발할 수 있을지 생각했고, 그런 교회가 되어 보고 싶은 마음으로 교회를 개척하기로 했다.

좁은길교회는 2014년도에 시작되었다. '진정한 교회', '사람을 살리는 교회'라는 두 가지 꿈을 품고 여섯 명이 모였다. 우리는 다음과 같은 철학과 교회의 방향성을 잡고 야심 차게 교회를 시작했다.

진정한 교회가 되기 위해선 ① 크기가 작아야 한다, ② 아무나 들고 나는 교회가 아니라 철저한 멤버십 교회가 되어야 한다, ③ 투명하고 정직한 교회로서 세금도 내면서 건강한 재정 운영을 해야 한다.

사람을 살리는 교회가 되기 위해선 ① 다른 교회에 다니는 성도를 교인으로 받지 않는다, ② 교회 모임을 주일 모임 하나로 최소화한다, ③ 성도들이 살아가는 일상을 사역지로 삼아 그곳에서 사람들을 회심시켜 복음의 열매를 맺고 성장하는 교회가 되어야 한다.

우리는 매 주일 모여 함께 예배하고 교제하고 기도하면서 좋은 시간을 보냈다. 교회의 규모가 작아서 모임 장소에 구애를 받지 않았다. 우리가 모이는 곳은 어디든 교회가 되었다. 인원이 적기에 서로가 서로에 대해 잘 알고, 그리스도인으로서 인격적인 교제를 할 수 있어서 좋았다. 어떻게 하면 우리가 일상에서 선교하며 살아갈 수 있는지 함께 고민하고 기도하는 것도 참 감사한 일이었다. 작은 공동체지만 하나님의 은혜로 재정의 어려움도 극복할 수 있었고, 덕분에 선교 중심의 재정 원칙을 세울 수 있었다.

그렇게 모인 지 4개월째 되는 어느 날, 나는 한 가지 제안을 했다. (뒤돌아보면 여기서부터 시행착오가 시작된 듯하다.) 이렇게 건강하고 선교적인 공동체를 지금의 인원으로만 유지하기 벅찰 수 있으니 우리의 비전과 방향에 동의하는 동역자를 조금 더 모집하자고 했다. 그러면 더 효과적으로 세상 현장에서 선교적인 공동체가 될 수 있을 것 같다는 생각이 들었다.

목사가 이야기해서 그랬는지 그 제안은 받아들여져 여섯 명이 각자의 관계망에 있는 사람들을 추천하여 비공개적으로 만남을 갖기 시작했다. 그렇게 4주 동안 사람들을 만나 좁은길교회는 교인 수가 한 달 만에 40명을 넘어섰다. 어찌 보면 다른 교회에 다니는 기존의 성도를 교인으로 받지 않는다는 우리의 원칙을 스스로 무너뜨린 셈이다.

비전을 나누고 동의해서 모였다고 하지만, 사실 우리 여섯 명도 비전을 미처 다 소화하지 못한 상태였고, 선교적 교회가 무엇인지 경험이 없던 터라 그때부터 대혼란이 시작되었다. 일단, 교인이 갑자기 늘어나면서 허겁지겁 모임 장소를 구해야 했고, 예배팀을 따로 꾸려야 했으며, 소그룹을 구성해야 했다. 어린이들이 있어 주일학교를 운영해야 했고, 주일 간식 준비와 새신자 프로그램을 운영하는 등 교회 사역이 정신없이 돌아갔다.

그래도 우리의 비전과 철학을 지키기 위해 더 이상 기존의 성도들을 받지 않고, 교회 예산의 50퍼센트를 선교 헌금으로 드리며, 일상에 집중하기 위해 교회 모임을 최소화하는 등 선교적 교회가 되려고 애썼다. 그러나 기존의 교회 시스템에 너무나 익숙한 우리이기에 시간이 갈수록 좁은길교회는 아주 자연스럽게 또 하나의 교회로 자리를 잡게 되었다. 모임 장소를 따로 빌리고, 주중 모임이 시작되고, 특별 새벽 기도회도 하면서 사역이 늘어났다.

그럴수록 마음은 점점 무거워지고 갈등의 골은 깊어졌다. 기존의 교회와 선교적 교회 사이에서 길을 잃은 느낌이었다. 그렇게 몇 년이 흘렀다. 그동안 참 힘들었다. 개척 멤버 여섯 명이 자주 모여서 점검하고 후회하고 토론도 했지만 어찌할 바를 몰랐다. 이미 모인 성도들이 있기에 섣불리 교회 문을 닫을 수도 없었다. 그렇다고 계속 가자니 앞이 캄캄했다. 문미엔 때와 비슷한 시행착오를 겪으면서 마음이 너무나 어려웠다.

새 포도주를 낡은 가죽 부대에 넣지 아니하나니 그렇게 하면 부대가 터져 포도주도 쏟아지고 부대도 버리게 됨이라 새 포도주는 새 부대에 넣어야 둘이 다 보전되느니라. 마 9:17

마태복음의 말씀이 마음에 와 닿았다. 꼭 우리 교회에 하시는 말씀 같았다. 지금까지 우리는 새 술을 헌 부대에 담으려 했던 것은 아닐까? 선교적 일상교회가 되기 위해선 부대를 바꿔야 하는데, 지금까지 익숙했던 헌 부대를 최대한 유지하면서 주님이 가라고 하신 길을 가려 했던 것 같다. 새 술은 새 부대에 담아야 한다. 그러기 위해선 헌 부대를 버리는 결단이 필요하다.

문제가 무엇인가? 헌 부대를 버리는 것은 굉장히 두려운 일이다. 예수님께서 가르치신 복음의 삶을 살아 내려면 교회가 부대를 교체해야 하는데, 그것이 생각만큼 쉬운 일이 아니다. 문미엔도 그렇고, 좁은길교회도 그렇고 결국 부대를 바꾸는 일에 실패한 것이다. 아니, 아예 바꿀 생각조차 하지 못했다. 너무나 익숙한 나머지 버려야 한다는 인식도 못한 채 헌 부대에 열심히 복음의 꿈을 붓고 있었다.

그렇다면 교회가 버려야 하는 헌 부대는 무엇인가? 오랫동안 기독교 역사를 통해 내려온 교회 중심의 구조다. 안타깝게도 오늘날 교회의 구조는 종교개혁 이전 로마교회의 권위적 구조와 비슷하다. (어쩌면 예수님 당시 바리새인들이 다스렸던 유대교와 비슷한지도 모르겠다.) 세상으로 나가는 구조가 아니라 교회의 힘을 키우는 구조이고, 권위적인 위계 질서로 조직이 구성된다. 이 거대한 집단을 유지, 관리, 운영하려면 끊임없이 사람들을 끌어모아야 한다. 그래서 교회는 '성스러운' 종교 행사들을 거행하면서 사람들을 교회 안에 머물게 했다.

지금까지 우리에게 친숙한 기독교는 세상으로 나가는 외향적outward 구조가 아니라, 안으로 세력을 키워 가는 내향적inward 구조다. 이러한 구조 속에서 선교 중심으로 산다는 것은 불가능하다. 목회가 하나의 직업이 되고, 교회가 직장이 되며, 성도는 고객이 되고, 사역은 운영과 관리가 되면서 오늘날 교회는 점점 선교의 부르심에서 멀어져 갔다.

헌 부대를 버린다는 것은 교회의 소프트웨어 몇 개를 새로 교체하는 것이 아니라 하드웨어를 통째로 바꾸는 것일 수 있다. 어쩌면 목회자에게 생계와 권위와 강단을 버리는 일이 될 수도 있고, 우리에게 익숙한 교회 문화에서 벗어나는 일이 될 수도 있다.

새 술, 새 부대, 헌 부대 이야기를 좁은길교회 사람들과 몇 개월에 걸쳐 나눈 후, 마침내 공동의회를 통해 교회 해산을 결정하게 되었다. 선교적 일상교회가 되기 위해 교회의 옷을 벗고, 진정한 목회를 하기 위해 목회자의 옷을 벗기로 결정한 것이다.

교회를 행정적으로 해산한 후, 우리는 몇 달 동안 모여서 교회를 일상의 작은 공동체로 흩뜨리는 작업을 했다. 상황이 여의치 않은 이들은 예전에 다니던 교회로 다시 갔고, 삼삼오오 모여 일상의 교회가 되기로 결정한 이들은 묶어서 세상 속으로 파송했다.

몹시 두렵고 떨리는 모험이었다. 우리의 결정이 반드시 옳다는 것은 아니지만, 그렇게 해서라도 우리가 세상 속으로 들어가 빛을 발하며 사람을 살릴 수만 있다면, 바로 그곳에서 교회가 세워질 수만 있다면, 우리 믿음의 발걸음에 하나님께서 함께하시리라는 확신이 들었다. 좁은길교회도 문미엔 사역과 비슷하게 갑자기 멈추게 되었지만, 이 모든 시행착오와 여정을 통해 하나님께서 우리를 세상의 빛으로 이끌고 계심을 신뢰하게 되었다.

나와 우리 가족은 세상 속으로 들어가 평범한 그리스도인으로 살기로 결정했다. 세상에서 직접 부딪치며 복음을 삶으로 드러내고 싶었다.

2012년 말에 건강을 위해 운동을 시작했다. 보통 다니는 헬스장은 지루하고 재미가 없어서 그룹으로 하는 크로스핏**이라는 운동을 선택했다. 운동을 전혀 하지 않던 내가 하기엔 너무나 힘든 고강도 트레이닝이지만, 새로운 사람들을 만나는 재미에 빠져서 열심히 운동을 하게 되었다.

그동안 주변에 그리스도인밖에 없었는데 체육관에 가면 대부분이 비그리스도인이어서 그들을 만나는 것이 굉장히 재미있고 신선했다. 특히 목사라는 호칭으로만 불리며 살다가 "형", "성호"라는 호칭으로 불리는 것이 행복했다. 코치 및 회원들과 점점 친해지고 같이 밥도 먹고 시간을 보내면서 운동을 넘어 끈끈한 커뮤니티를 경험했다.

2012년은 한창 문미엔 사역을 하던 시기였는데, 체육관 사람들이 우리 예배에 나오기 시작했고, 모태 불교 신자 회원도 모임에 나와 깜짝 놀란 적도 있다. 가장 감사한 사건은 내게 첫 크로스핏 수업을 해주었던 (교회에 가 본 적이 없

** 크로스핏은 미국의 그렉 글래스먼(Greg Glassman)이 만든 운동 방법이자 피트니스 브랜드다. 다양한 신체 능력을 골고루 극대화하는 것이 목표이고, 전세계적으로 수만 개의 정식 지부 체육관을 보유한 프랜차이즈 피트니스 기업이다.

는) 코치가 문미엔 예배에 참석하다가 2015년 좁은길교회에서 내게 세례를 받은 일이다.

크로스핏 체육관은 어떤 점에선 교회와 비슷했다. 때론 교회보다 더 끈끈한 공동체성을 보이기도 했다. 다양한 사람들이 크로스핏이라는 운동 하나에 미쳐서 서로 친해지고 연합하는 희귀한 모습을 보았다.

몇 개월간 운동하면서 나는 여러 모로 신선한 충격을 받았다. 운동 자체의 매력에 빠져들고 체력도 오르고 몸에 변화가 일어나면서 크로스핏을 좋아하게 되었다. 언젠가 크로스핏을 선교의 도구로 쓸 수 있겠다는 생각을 막연히 하며 트레이너 자격증을 따기로 결심했다. 다음 해 2013년 5월, 나는 크로스핏 레벨 1 트레이너 자격증을 취득했다.

자격증을 취득하고 3년이 지난 2016년, 좁은길교회 해산을 한창 준비하고 있을 당시 나 역시 세상으로 나갈 준비를 하고 있었다. 40대 중반의 나이에 신학을 전공하고 목회 경력밖에 없고 세 자녀의 아빠이며 한 여인의 남편으로서 내가 도대체 어디서 무엇을 할 수 있을까? 카페를 할까? 샌드위치 가게를 해볼까? 고민이 참 많았다. 선교적 일상교회가 되기 위해 무엇을 해야 할지 막막하기만 했다. 가족도 먹여살려야 하는데 과연 해낼 수 있을까? 고민 끝에 3년 전에 취득한 크로스핏 자격증으로 도전해 보기로 마음먹었다. 40대에 코치로 취직하는 것이 쉽지 않았지만, 하나님의 은혜로 홍대에 있는 크로스핏 체육관에서 파트타임 코치로 취직을 했다.

내 인생의 첫 취직이었다. 두려움 반 설렘 반으로 6월부터 출근하여 코칭을 시작했다. 나는 오전반을 담당했다. 집이 경기도 파주여서 매일 새벽에 전철을 타고 출근하기가 쉽지 않았지만 파송받은 선교사의 마음으로 기쁘게 일했다.

회원들에게 코치로 인정받을 수 있을지가 가장 두려웠다. 이왕 시작한 일이기에 대충 할 수는 없었다. 나름대로 열심히 공부하면서 수업을 준비하고 운동도 부지런히 해서 건강한 체력과 몸매를 유지하며 회원들을 코칭했다. 나이의 많고 적음을 떠나 체육관의 말단 직원으로서 청소와 잡일들도 솔선수범했다.

함께 일하는 코치들은 100퍼센트 비그리스도인이었고, 회원들의 종교도 알아 보니 95퍼센트가 비그리스도인이었다. 다들 내가 목사라는 사실을 알고 있어 더욱 사명감을 가지고 성실하게 일해야 했다.

그렇게 4개월이 흘렀다. 이제 제법 코칭의 노하우가 생기고 어색했던 회원들과의 관계도 조금씩 편해지고 있었는데, 갑자기 체육관 대표에게 충격적인 소식을 들었다. 체육관이 적자이고 운영이 힘들어 10월 말부로 파산하기로 했다는 것이다. 다른 대안은 없는지 묻자 누군가가 이 체육관을 인수한다면 넘길 수는 있다고 했다. 인수 비용이 얼마인지 얼른 물었더니 권리금까지 8천만 원이었다.

앞이 캄캄했다. 선교적인 삶을 살고 싶어 모든 것을 내려놓고 세상 속으로 들어왔는데 4개월 만에 체육관이 문을 닫는다니! 퇴근하는 발걸음이 무거웠다. 하나님이 원망스럽기도 하고 혼란스러웠다. 기도하며 투정하며 집에 왔다가 그날 밤 오랫동안 해오던 성경공부 모임의 대표님을 만났다. 나를 잘 알고, 선교적으로 살고자 하는 내 입장에 전적으로 동의해 주시는 형님 같은 분이었다. 대표님은 이야기를 쭉 듣더니 그 자리에서 8천만 원을 빌려 줄 테니 한번 도전해 보라고 했다.

"무기한 무이자로 빌려 드릴 테니 망해도 좋다는 마음으로 한번 해보세요!"

내 귀를 믿을 수 없었다. 그 말을 듣는데 살짝 두려움과 망설임이 들었지만 믿음으로 용기를 내어 결심했다. 그렇게 나는 체육관을 인수하여 2016년 11월부로 홍대 크로스핏 뉴젠의 대표가 되었고, 지금까지 세상의 쓴맛을 보며 살고 있다. 사실 처음에 취직할 때 파트타임으로 일하다가 여차하면 교회로 다시 돌아갈까 하는 생각도 했다. 하나님은 그것이 마음에 들지 않으셨는지 나의 삶을 들어 그냥 세상 속으로 깊숙이 집어 넣으셨다.

샘물교회에서 문미엔을 지나 좁은길교회를 거쳐서 크로스핏 뉴젠에 이르기까지 오랫동안 고민하고 기도하고 몸부림치며 시행착오를 겪는 가운데 선교적 일상교회를 향한 꿈이 조금씩 싹트기 시작했다. 여호수아와 이스라엘 백성들이 가나안에 들어가 그 땅의 소산을 먹으며 그 땅을 점령해 갔듯이, 오늘날 그리스도인들이 여호수아의 세대로 일어나 세상 곳곳에 하나님의 깃발을 꽂는 일들이 일어나길 소망한다.

우리가 세상 속으로 들어가 빛을 발하며 사람을 살릴 수만 있다면, 바로 그곳에서 교회가 세워질 수만 있다면, 우리 믿음의 발걸음에 하나님께서 함께하시리라는 확신이 들었다.

19
모세의 세대와 여호수아의 세대

오래전 시작된 나의 고민은 여호수아서 말씀을 통해 조금씩 열매를 맺게 되었다.

> 여호와의 종 모세가 죽은 후에 여호와께서 모세의 수종자 눈의 아들 여호수아에게 말씀하여 이르시되. 수1:1

1장 1절을 읽는데 왠지 이 구절이 마음에 와 닿았다. 모세가 죽고 여호수아를 차기 리더십으로 세웠다는 단순한 내용인데, 이 구절을 통해 하나님께서 우리에게 주고자 하시는 메시지가 있는 것 같았다. 본문을 붙들고 고민하고 기도하면서 이런 생각이 떠올랐다.

'지금은 모세의 세대가 저물고 여호수아의 세대가 일어나야 하는 시대다.'

이것이 무슨 뜻일까? 모세의 세대는 무엇이고, 여호수아의 세대는 무엇이며, 왜 지금이 그 시대인가? 며칠을 고민하며 내린 결론은, 이 마지막 때에 교회들이(우리가) 모세의 세대를 넘어 여호수아의 세대가 되어야 한다는 것이다. 지금은 신앙생활의 패러다임이 변화되어야 하는 시대다. 익숙함에 안주하지 않고 여호수아처럼 전쟁터에 나아가는 교회들이 일어나야 하는 시대다.

모세의 세대란 무엇인가? 모세의 세대는 어떤 신앙생활을 했는가? 모세오경에서 보듯이 모세의 세대는 출애굽의 기적을 경험하고 광야에서 신앙생활을 했던 세대다. 하나님의 보호와 공급하심 속에 하나님을 알아 갔으며, 특히 성막 중심의 신앙생활을 했다. 성막을 중심으로 이스라엘 백성들이 진을 쳤고, 성막에서 이루어지는 제사와 예배가 굉장히 중요했다.

어찌 보면 모세의 세대가 했던 신앙생활이 요즘 우리가 하는 신앙생활과 매우 흡사하다. 그들이 성막 중심으로 모였듯이 우리도 교회 중심으로 모이고, 그들에게 성막에서 하는 제사와 예배가 중요했듯이 우리에게도 교회에서 하는 주일성수와 예배가 절대적으로 중요하고, 그들이 성막 중심으로 진을 치고 생활했듯이 우리도 교회 중심으로 구역, 순, 목장, 셀 등을 만들어 활동하고 있다.

모세의 세대 신앙생활 패턴은 하나님께서 명령하신 것이었고 공동체를 세워 나가는 데 매우 중요한 제도였다. 마찬가지로 우리가 교회 중심으로 모여 신앙생활을 하는 것도 반드시 필요하고 중요하다. 그러나 이스라엘의 역사는 거기서 끝나지 않고 여호수아의 세대로 넘어간다. 오늘날의 교회도 모세의 세대에만 머물 게 아니라 반드시 여호수아의 세대로 넘어가야 한다.

교회는 덩치가 커질 게 아니라 확장되어야 한다. 모세의 세대를 통해 공동체를 든든하게 만들었다면, 여호수아의 세대를 통해 공동체가 곳곳에 퍼져 나가야 한다. 교회론을 공부할 때 우리는 주로 사도행전을 본다. 초대 교회가 세워지고 부흥하는 모습을 공부하면서 우리는 마음이 뜨거워진다.

3천 명, 5천 명이 회개하면서 초대 교회는 대형 교회가 되고, 인원이 많아지면서 생기는 문제들을 조직적으로 해결하기 시작한다. 사도행전 6장에서 교회는 역할 분담을 하고 건강한 조직을 세우고 든든하게 자리를 잡는다. 우리는 이러한 초대 교회를 모델로 삼아 열심히 따라간다.

그러나 사도행전의 교회론을 공부할 때 6장과 7장에서 멈추면 안 된다. 8장으로 넘어가야 된다. 8장에서 어떤 일이 벌어지는가? 재정비를 통해 든든하게 세운 교회가 모조리 흩어진다. 고난과 핍박을 통해 세상 곳곳으로 흩어져 교회가 확장되고 복음이 전파되기 시작한다. 안타깝게도 오늘날의 교회들은 여전히 모세의 세대와 사도행전 6장에 안주하고 있는 듯하다.

여호수아의 세대란 무엇인가? 전쟁하는 세대다. 우상 숭배와 하나님을 대적하는 음란한 문화가 가득한 가나안 땅을 정복하는 세대다. 하나님은 오늘날의 교회가 여호수아의 세대로 일어나길 원하신다. 우리끼리의 문화에서 벗어나 세상 속으로 들어가 전쟁하며 그곳에 하나님의 깃발을 꽂길 원하신다.

가나안은 천국을 의미하지 않는다. 요단 강을 건너 천국으로 가는 것이 아니다. 가나안은 우리가 복음으로 정복해야 하는 전쟁터다. 여호수아의 세대는 목숨을 걸고 가나안에 들어가 복음의 싸움을 벌인다. 앞에서 나눴듯이 우리는 지나치게 교회 중심적인 헌 부대에서 벗어나 세상을 향해 전진해야 한다.

여호수아의 세대가 되어 전쟁터로 들어가는 것은 쉬운 일이 아니다. 우리가 대면하는 가나안은 결코 만만한 적이 아니다. 그 당시 여호수아가 가나안을 정복하는 것은 사실 불가능한 일이었다. 왜냐하면 이스라엘은 40년 동안 광야에서 노숙 생활을 한 나약한 족속이었다. 모세가 열두 명의 정탐꾼을 가나안에 보냈을 때, 그들이 돌아와서 뭐라고 보고하는가? 여호수아와 갈렙을 제외하고는 모두 부정적인 보고를 했다.

> 모세에게 말하여 이르되 당신이 우리를 보낸 땅에 간즉 과연 그 땅에 젖과 꿀이 흐르는데 이것은 그 땅의 과일이니이다 그러나 그 땅 거주민은 강하고 성읍은 견고하고 심히 클 뿐 아니라 거기서 아낙 자손을 보았으며 아말렉인은 남방 땅에 거주하고 헷인과 여부스인과 아모리인은 산지에 거주하고 가나안인은 해변과 요단 가에 거주하더이다…이스라엘 자손 앞에서 그 정탐한 땅을 악평하여 이르되 우리가 두

루 다니며 정탐한 땅은 그 거주민을 삼키는 땅이요 거기서 본 모든 백성은 신장이 장대한 자들이며 거기서 네피림 후손인 아낙 자손의 거인들을 보았나니 우리는 스스로 보기에도 메뚜기 같으니 그들이 보기에도 그와 같았을 것이니라. 민 13:27-29, 32-33

열 명의 정탐꾼이 했던 보고는 거짓말이 아니었다. 현실이었다. 실질적으로 그 당시 초강대국이었던 가나안을 당해 낼 재간이 없었다. 정치, 경제, 체력, 인구, 군사력 등 모든 면에서 이스라엘이 불리했다. 그들과 전쟁을 한다는 것 자체가 어리석은 행동이었다. 그래서 이스라엘 백성들은 낙심하며 좌절한다.

이 이야기를 읽으면서 우리는 이스라엘 백성들의 믿음 없음을 조롱할 수 있지만, 오늘날 우리가 세상을 향해 나아가면 똑같은 모습을 보일 수 있다. 세상은 만만치 않다. 교회가 여호수아의 세대로 일어나 세상을 향해 전진해야 하는데, 가장 먼저 만나는 벽은 우리와 수준이 다른 적군이다.

샘물교회를 사임하고 문미엔 사역을 시작할 당시 비슷한

경험을 했다. 나는 유명한 목사도 아니고 뛰어난 능력이 있는 것도 아니다. 사실 돈도 없고 빽도 없는 평범한 사람이다. 그런 내가 화려한 엔터테인먼트 세계를 복음화하겠다고 들어갔다. 그 분야의 사람들을 만나 보니 나와는 다른 삶을 살고 있었다. 입고 다니는 옷이 달랐고, 타고 다니는 차가 달랐고, 먹는 음식이 달랐다. 연예인들의 삶이 얼마나 화려한지 나는 그냥 초라함 자체였다. 덜컥 겁이 났다. 기가 죽었다. 그리고 부정적인 생각이 들기 시작했다. 내가 뭔데 이들을 섬길 수 있을까? 이들이 과연 내가 하는 말을 들을까? 자신이 없고 후회가 되었다. 그냥 교회에 있을걸. 일주일에 한 번 신우회만 인도할걸.

크로스핏 코치로 일을 시작할 때도 비슷했다. 첫 출근날이 다가오자 잠을 잘 수 없었다. 너무 걱정이 되었다. 나는 체육 전공자도 아니고, 몸이 크고 좋은 것도 아니고, 나이도 많고, 목사이고…. 갖은 생각이 떠오르며 나를 괴롭혔다. 과연 회원들이 내 말을 들을까? 나를 코치로 인정할까? 창피만 당하는 건 아닐까? 나 때문에 사람들이 다치면 어떡하지? 그냥 교회 사역이나 잘할걸.

세상과 대면할 때 우리는 수준 차이를 느낀다. 가나안

앞에 선 초라한 이스라엘 백성처럼, 세상의 화려한 스펙과 권력 앞에서 너무나 작고 나약한 우리의 실체를 보게 된다. 그때 절망과 두려움과 후회가 찾아온다. 여호수아서를 읽어 보면 여호수아도 큰 두려움에 사로잡혔던 것 같다. 그래서 하나님께서 강하고 담대하라고, 두려워하지 말라고 몇 번이나 반복하며 그를 격려하신다.

> 내가 네게 명령한 것이 아니냐 강하고 담대하라 두려워하지 말며 놀라지 말라 네가 어디로 가든지 네 하나님 여호와가 너와 함께하느니라 하시니라. 수 1:9

가나안 앞에서 벌벌 떨었던 이스라엘 백성처럼 나도 세상 앞에서 벌벌 떨었다. 나는 너무 작고 나약했다. 싸울 엄두가 나지 않았다. 결단하고 세상으로 나오긴 했는데 어떻게 싸워야 할지 몰랐다. 여호수아처럼 강하고 담대하게 전진하고 싶은데 자신이 없었다. 심히 낮아진 마음으로 성경에 등장하는 전쟁의 장면들을 생각해 보았다.

가나안과 이스라엘의 전투와 사사기에 나오는 전투들, 다윗과 골리앗의 전투 등 몇 개의 전쟁들을 살펴보다가 아주 중요한 특징을 하나 발견했다. 흥미롭게도 하나님의 전쟁에는 특징이 있었다. 대부분 아군이 적군보다 약했다. 무기도 부족하고, 인원도 부족하고, 전략도 이상하고, 모든 면에서 적군이 월등한 모습으로 등장한다. 앞에서 잠시 언급했듯이 이스라엘과 가나안의 싸움도 보면 상대가 되지 않는다. 당연히 가나안이 이길 수밖에 없다.

사사기에 등장하는 많은 전쟁도 마찬가지다. 기드온의 삼백 용사를 보자. 기드온 군대가 맞서 싸워야 하는 미디안 군대는 그 수가 바다의 모래알보다 많았다고 한다. 그런데 하나님은 오히려 기드온 군대의 수를 줄이고 줄여 300명으로 만드신다. 그것도 손에 항아리와 횃불을 들려 주고 싸우게 하신다.

우리가 잘 아는 다윗과 골리앗의 전투도 보면 상식에서 벗어나 있다. 골리앗은 직업 군인인데다가 거인이다. 칼과 창을 잘 다루는 전문 싸움꾼이다. 그런데 다윗은 청소년이고 돌팔매질을 조금 할 줄 아는 목동일 뿐이다. 세상의 격투기에서도 체급에 따라 대결을 하는데, 하나님의 전쟁에선 체급과 실력과 상황을 따지지 않는다.

예수님도 제자들을 세상에 파송하면서 "내가 너희를 보냄이 어린 양을 이리 가운데로 보냄"과 같다고 말씀하신다. 양은 이리의 먹잇감이다. 이리 앞에 가면 백전백패다.

갈지어다 내가 너희를 보냄이 어린 양을 이리 가운데로 보냄과 같도다. 눅 10:3

이와 같이 성경에 나타난 전쟁을 보면 늘 아군이 불리하다. 왜 하나님은 이렇게 싸우시는가? 그 이유는 간단하다. 하나님의 영광을 보여 주기 위해서다.

하나님의 전쟁은 하나님께서 치르신다. 하나님께서 치르시는 전쟁의 목표는 하나님의 영광이다. 그래서 하나님은 인간의 가능성을 최소화하면서 전쟁에 임하신다. 내가 잘나서 이기면 내가 명예를 얻는다. 그러나 가망이 없는 전쟁에서 승리를 거둘 때, 아군과 적군 모두 하나님의 영광을 목도하게 된다. 이스라엘도 하나님을 보고, 가나안도 하나님을 보게 된다. 기드온도 하나님을 보고, 미디안도 하나님을 본다. 다윗도 하나님을 보고, 블레셋도 하나님을 본다.

혹시 세상과 수준 차이가 나서 기가 죽어 있는가? 그로 인해 열등감과 절망에 사로잡혀 있는가? 믿음으로 담대하게 일어나 하나님의 전쟁을 선포하며 나아가길 도전한다. 학력, 집안 형편, 실력 등 모든 것이 부족한가? 상황을 바라보며 낙심하지 말고 불가능을 가능케 하시는 하나님을 신뢰하길 바란다.

와서 여호와의 행적을 볼지어다 그가 땅을 황무지로 만드셨도다 그가 땅 끝까지 전쟁을 쉬게 하심이여 활을 꺾고 창을 끊으며 수레를 불사르시는도다 이르시기를 너희는 가만히 있어 내가 하나님 됨을 알지어다 내가 뭇 나라 중에서 높임을 받으리라 내가 세계 중에서 높임을 받으리라 하시도다. 시 46:8-10

세상과 현실적으로 수준 차이를 느낄 때 경계해야 하는 유혹이 있다. 수준 차이를 극복하려는 세속적인 바람이 드는 것이다. 나의 모자람과 연약함을 열심히 보완해서 세상의 수준보다 더 높이 끌어올리려 하는 것이다. 세상보다 더 많은 무기를 구하고, 더 많은 물질을 구하고, 미디안의 군대가 바다 모래알보다 많다면 우리는 모래알에 하늘의 별을 더한 수와 같이 많아지길 구하는 것이다. 골리앗의 키가 3미터 정도 된다면 우리는 4미터로 커지길 구하는 것이다. 우리가 이리 떼에게 가야 한다면 양이 아니라 사자가 되길 구하는 것이다.

세상을 이기기 위해 교회가 세상보다 뛰어나야 한다는 논리다. 안타깝게도 실제로 이러한 세속 논리들이 현대 교회 안에 깊게 뿌리내리고 있다. 성공주의 신학, 번영주의 신학이 청년들을 가르치고 있으며, 그리스도인들이 세상의 머리가 되어야 한다는 세속적 가치를 주입하고 있다.

그리스도인들더러 신세타령이나 하며 게으름 속에 안주하라는 뜻이 아니다. 우리는 성실하게 열심히 살아야 한다. 그러나 하나님의 전쟁 앞에선 하나님께서 친히 싸우시도록 힘을 빼고 겸손히 그분을 신뢰해야 한다. 어쩌면 하나님은 우리가 초라한 모습 그대로, 연약한 모습 그대로 싸우는 것을 기뻐하시는지도 모른다. 다윗의 손에 작은 돌멩이가 아니라 근사한 칼과 창이 주어졌다면, 그는 더 멋지게 결투를 했을지 모른다. 그러나 하나님은 편안하게 우리에게 말씀하신다. "그냥 돌 던져."

> 여호와의 구원하심이 칼과 창에 있지 아니함을 이 무리에게 알게 하리라 전쟁은 여호와께 속한 것인즉 그가 너희를 우리 손에 넘기시리라. 삼상 17:47

> 그러므로 내가 그리스도를 위하여 약한 것들과 능욕과 궁핍과 박해와 곤고를 기뻐하노니 이는 내가 약한 그때에 강함이라. 고후 12:10

가나안으로 들어가 하나님의 전쟁을 선포하는 여호수아에게, 또한 우리에게 하나님은 약속하신다. 우리를 대적할 자가 없을 것이고, 하나님께서 친히 함께하실 것이고, 떠나지 않으시고, 버리지 않으시고, 반드시 이기게 해주신다고 약속하신다. 여호수아의 세대는 이 약속을 붙들고 믿음으로 순종해야 한다.

네 평생에 너를 능히 대적할 자가 없으리니 내가 모세와 함께 있었던 것같이 너와 함께 있을 것임이니라
내가 너를 떠나지 아니하며 버리지 아니하리니 강하고 담대하라
너는 내가 그들의 조상에게 맹세하여 그들에게 주리라 한 땅을 이 백성에게 차지하게 하리라
오직 강하고 극히 담대하여 나의 종 모세가 네게 명령한 그 율법을 다 지켜 행하고 우로나 좌로나 치우치지 말라
그리하면 어디로 가든지 형통하리니 이 율법책을 네 입에서 떠나지 말게 하며 주야로 그것을 묵상하여 그 안에 기록된 대로 다 지켜 행하라
그리하면 네 길이 평탄하게 될 것이며 네가 형통하리라
내가 네게 명령한 것이 아니냐 강하고 담대하라 두려워하지

말며 놀라지 말라

네가 어디로 가든지 네 하나님 여호와가 너와 함께하느니라

하시니라. 수 1:5-9

교회는 모세의 세대에 머물 게 아니라 여호수아의 세대가 되어 순종하며 가나안으로 들어가야 한다. 현실적인 어려움과 수준 차이가 있어도 대신 싸워 주시는 하나님을 신뢰하며 담대하게 전진해야 한다.

그렇다면 가나안에 들어가 어떻게 싸워야 하는가? 그리스도인들이 세상 속에 들어가 어떻게 복음의 싸움을 치러야 하는가? 어떻게 하면 세상의 빛으로 살 수 있는가? 어떻게 하면 우상 문화를 무너뜨리고 하나님 나라를 선포할 수 있는가? 어떻게 하면 어두움에 묶인 영혼들을 자유롭게 할 수 있는가?

가나안에서 전도 집회를 열어야 하는가? 교회 행사를 해야 하는가? 땅밟기를 해야 하는가? 피켓을 들고 사회정화 운동을 해야 하는가? 전문적인 사역을 시작해야 하는가? 아니다.

여호수아 1장 7-9절에 기록되어 있듯이 우리는 가나안에 들어가서 좌로나 우로나 치우치지 않고 말씀에 순종하

는 삶을 살아야 한다. 세상 복판에 들어가 삶 속에서 말씀에 순종하기 시작할 때 하나님의 싸워 주심이 실제가 된다. 하나님의 전쟁은 어떤 이벤트로 하는 것이 아니라 삶으로 하는 것이다.

> 땅과 거기에 충만한 것과 세계와 그 가운데에 사는 자들은 다 여호와의 것이로다
> 여호와께서 그 터를 바다 위에 세우심이여 강들 위에 건설하셨도다.
> 여호와의 산에 오를 자가 누구며 그의 거룩한 곳에 설 자가 누구인가
> 곧 손이 깨끗하며 마음이 청결하며 뜻을 허탄한 데에 두지 아니하며 거짓 맹세하지 아니하는 자로다
> 그는 여호와께 복을 받고 구원의 하나님께 의를 얻으리니 이는 여호와를 찾는 족속이요 야곱의 하나님의 얼굴을 구하는 자로다
> 문들아 너희 머리를 들지어다
> 영원한 문들아 들릴지어다
> 영광의 왕이 들어가시리로다
> 영광의 왕이 누구시냐

강하고 능한 여호와시요 전쟁에 능한 여호와시로다
문들아 너희 머리를 들지어다
영원한 문들아 들릴지어다
영광의 왕이 들어가시리로다
영광의 왕이 누구시냐
만군의 여호와께서 곧 영광의 왕이시로다. 시 24편

말씀에 순종하는 정결한 삶의 문을 통해 전쟁에 능하신 영광의 왕께서 행차하신다. 아멘!

교회는 덩치가 커질 게 아니라 확장되어야 한다. 모세의 세대를 통해 공동체를 든든하게 만들었다면, 여호수아의 세대를 통해 공동체가 곳곳에 퍼져 나가야 한다.

20
빛을 발하라

여호수아의 세대가 되어 우리는 복음을 들고 세상 속으로 들어가야 한다. 세상의 벽이 아무리 높아도 우리와 함께하시고, 우리를 떠나지 않으시고, 우리와 함께 싸워 주시는 하나님의 약속을 믿고 담대하게 전진해야 한다. 여호수아의 세대로 살기 위해 오랫동안 몸부림치고 시행착오를 겪으며 걸어 왔다. 이 길을 걷기 위해선 안정된 삶과 목회적인 업적과 명예를 내려놓고 오직 믿음으로 나아가야 한다. 쉽지 않은 길이었지만 신실하게 인도하신 주님께 감사를 드린다.

체육관을 인수하여 크로스핏 뉴젠을 운영한 지 벌써 3년째다. 세상 경험이 전혀 없던 내가 세상 복판에서 작은 사업체를 운영하면서 빛 된 삶을 산다는 것은 정말이지 큰 모험이었다. 목회자로서 말씀을 가르치고 설교하면서 성도들에게 도전을 주었지만, 내가 직접 세상 현장으로 나간 것은 처음이었다. 막상 세상에 나와 여러 일들에 부딪히고 보니 세상살이가 생각보다 쉽지 않았다. '그동안 내가 설교를 참 쉽게 했구나'라는 생각이 들었다.

안정된 목회 환경을 벗어나 보니 어느 순간 생계 문제로 고민하고 힘들어하는 나를 보게 되었다. 그러면서 자연스럽게 물질 욕심에 흔들리고 불안과 염려에 사로잡히는 연약한 나의 실체를 알게 되었다. 체육관을 인수하는 과정에서 상사와의 관계 때문에 갈등하고 미워하는 나를 발견하고 얼마나 부끄러웠는지 모른다.

부동산을 계약할 때는 건물주 앞에서 한없이 작아지고 쩔쩔매는 '억지' 겸손도 경험하고, 바쁜 세상살이에 치여서 아무것도 하기 싫은 무기력함이 무엇인지도 알게 되었다. 한마디로 세상에 나와 보니 나의 신앙이 벌거벗겨진 채 그대로 드러났다. 그동안 얼마나 가식적으로 살았는지 하나님 앞에서 참 많이 부끄러웠다.

세상에 부딪히면서 많은 것을 배웠다. 교실에선 배울 수 없는 참교육을 받았다. 세상과 맞짱떠서 몇 대를 맞아 보니 제법 맷집이 좋아지기 시작했고, 어떻게 하면 그리스도인으로서 승리하며 살 수 있는지 조금씩 배울 수 있었다.

오늘날 기독교가 약해진 이유는 실내 교육과 모의 전투와 스파링만 할 뿐 실전을 벌이지 않기 때문이다. 대부분의 사역들이 교회와 기독교 문화의 테두리 안에서 이루어져 보여주기식의 뻥 근육은 있지만 실전 근육이 없는 상태가 되었다. 거룩함은 세미나를 통해 배울 수 없다. 거룩함은 세상에서 피 흘리기까지 죄와 싸우면서, 때론 넘어지고 패배하면서 배우는 것이다. 사랑도 마찬가지다. 은혜로운 교실에서 사랑과 용서를 배우는 게 아니라, 세상의 수많은 관계 속에서 부딪히고 상처받고 미워하면서 배우는 것이다.

> 이같이 너희 빛이 사람 앞에 비치게 하여 그들로 너희 착한 행실을 보고 하늘에 계신 너희 아버지께 영광을 돌리게 하라. 마 5:16

치열한 세상에서 우리는 빛을 비춰야 한다. 누구에게? 사람들에게! 기독교의 모든 사역은 사람들이 대상이다. 우리는 사람들을 하나님께로 인도하여 그들을 살리고 세워야 한다. 진정한 하나님 나라 운동은 사람을 살리는 운동이다. 요즘 하나님 나라 운동이라면서 사회정화 운동을 하는 단체들이 있다. 기독교는 사회 운동이 아니다. 하나님 나라는 세상 변혁 운동이 아니라 복음으로 사람을 살리는 선교 운동이다. 하나님 나라는 사회에 임하는 게 아니라 사람의 마음에 임한다.

> 바리새인들이 하나님의 나라가 어느 때에 임하나이까 묻거늘 예수께서 대답하여 이르시되 하나님의 나라는 볼 수 있게 임하는 것이 아니요 또 여기 있다 저기 있다고도 못하리니 하나님의 나라는 너희 안에 있느니라. 눅 17:20-21

기독교는 세상을 변화시키는 종교가 아니라 사람을 살리는 진리다. 세상 변혁은 사역의 열매지 목표가 아니다. 목표는 사람이다. 우리는 세상으로 들어가 사람들 앞에 빛을 비춰야 한다. 마태복음 5장 16절을 보면 우리의 착한 행실을 통해 빛이 비춰진다고 한다.

착한 행실이란 무엇인가? 그리스도인들이 흔히 하는 오해가 있다. 흠도 점도 없이, 털어도 먼지 하나 나지 않게 완벽하게 사는 것이 빛을 발하는 것이라고 잘못 생각한다. 세상 사람들에게 무엇 하나 부끄러운 것이 없어야 하고, 작은 실수도 허용치 않는 삶, 윤리적으로 완벽하고 매사에 본이 되는 삶 말이다. 그렇게 살 수만 있다면 다행이고 감사하지만, 지구상에 그런 사람은 존재하지 않는다. 그런데도 완벽하려고 하니 결국 많은 그리스도인들이 가면을 쓰고 위선적인 삶을 사는 것이다. 그래서 세상은 우리를 향해 손가락질하고 비난한다.

세상으로 나와서 비그리스도인들과 친구가 되어 보니 그들이 우리에게 바라는 것은 완벽함이 아니었다. 우리가 완벽하지 않다는 것은 그들도 이미 알고 있다. 그들이 우리에게 기대하는 것은 '진실함'이다. 그리스도인도 넘어지고 실수할 수 있다. 그럴 때 그것을 감추려고 가면을 쓰면 빛도 함께 차단된다.

빛은 나의 선한 삶이 아니다. 빛은 나의 완벽함이 아니다. 빛은 나의 거룩함이 아니다. 빛은 연약한 나를 안아 주시는 하나님의 사랑이며, 넘어진 나를 일으켜 세우시는 하나님의 은혜다. 착한 행실이란 진실하고자 몸부림치며 살면서 나 같은 죄인을 사랑하시고, 나를 통해 일하시는 하나님의 은혜를 보여 주는 것이다.

100여 명의 뉴젠 회원들은 95퍼센트가 비그리스도인이다. 함께 일하고 있는 코치들도 모두 비그리스도인이다. 교회 사역을 내려놓고 세상에 나오니 이렇게 많은 사람들을 만나게 되었다. 부족하지만 뉴젠에 오는 이들이 나를 통해 하나님을 보게 되면 좋겠다. 도대체 어떻게 살아야 뉴젠 가족들에게 빛을 발할 수 있을까?

지난 3년간 뉴젠을 운영하면서 세 가지 원리를 배웠다.

첫째, 진실한 친구가 되어야 한다

하나님이신 예수님께서 하늘의 영광을 버리고 이 땅에 오셔서 죄인들의 친구가 되셨듯이, 그리스도인들은 교회 문을 박차고 나가서 세상 사람들과 진정한 친구가 되어야 한다. 쉬워 보이지만 교회생활을 오래하다 보면 이것처럼 어려운 일도 없다. 크로스핏 코칭을 시작하면서 내가 극복해야 했던 것이 바로 이 부분이었다.

수년간 목회자로서 그리스도인들만 대하며 살았기 때문에 비그리스도인들과 친해지는 것이 너무 힘들었다. 나와 비그리스도인 사이엔 보이지 않는 벽이 있었다. 도대체 무슨 대화를 해야 할지 모르겠고 모든 것이 어색했다. 처음에는 말실수도 많이 했다. 대화를 하다 보면 나도 모르게 기독교 용어가 튀어나왔다. "회원님"이라고 불러야 하는데 "형제님", "자매님"이라고 불렀다. 운동 설명도 마치 설교하듯이 했다.

어색해하는 건 나만이 아니었다. 나중에 들어 보니 뉴젠 회원들도 목사 코치를 만나게 되어 많이 긴장을 했다고 한다. '왜 목사가 코치를 하지?' '우리 전도하려고 하는 거 아냐?' '운동할 때 CCM 틀어 주면 어떡하지?'

우리 사이엔 이미 큰 벽이 세워져 있었다. 어떻게 이 벽을 허물 수 있을까? 정말 친해지고 싶은데 어떻게 하면 좋을까?

고민하다가 당연한 것을 깨닫게 되었다. 함께 시간을 보내는 것이다. 성경을 보면 친구를 위해 목숨을 바치는 것처럼 큰 사랑이 없다고 한다. 목숨을 바치는 것이 무엇일까? 여러 가지 해석을 할 수 있겠지만 목숨과 가장 연관된 것은 시간이다. 시간을 준다는 것은 곧 나의 생명을 주는 것이다.

그래서 뉴젠 회원들과 함께 시간을 보내기 시작했다. 코치와 회원의 관계를 넘어, 사장과 고객의 관계를 넘어 사람 대 사람으로 만나 밥을 먹고 커피도 마시는 등 함께 시간을 보냈다. 확실히 사람은 함께 보낸 시간만큼 친해진다. 지금도 일주일에 몇 번은 회원들과 같이 밥을 먹으며 시간을 보낸다. 대화도 많이 한다. 주로 내가 나이가 많은 편이어서 인생의 선배로서 상담도 하고 조언도 해준다. 나는 술을 마시지 않지만 때론 그들과 함께 술자리에 가고, 내가 술을 사 줄 때도 있다.

많은 시간을 함께하면 진솔하고 깊은 대화를 나눌 수 있어 좋다. 뉴젠 회원들과 조금이라도 더 친해질 수만 있다면 그 일을 우선적으로 했다. MT도 가고, 축구도 하고, 영화도 보고, 파티도 따라다녔다. 그렇게 몇 개월이 지나면서 우리는 가족처럼 가까워졌고, 지금은 회원들이 우리 집까지 놀러 올 정도로 돈독한 관계가 되었다.

진솔한 관계를 위해선 함께 시간을 보낼 뿐 아니라 나를 정직하게 열어 보여야 한다. 내 모습 그대로를 솔직하게 보여 주는 것이다. 가식적으로 가면을 쓰고 만나는 것이 아니라 때론 나의 모진 부분까지 공개해야 한다. 내가 마음을 연 만큼 상대방도 마음을 연다.

뉴젠 가족들과 최대한 허물 없이 지내려고 노력했다. 가끔은 힘든 마음을 이야기하면서 내가 위로를 받기도 한다. 진실한 친구가 된다는 것은 동기와 목적이 순수하다는 뜻이다. 어떤 사람들은 이기적인 목적을 가지고 사람들에게 친한 척하며 접근하는데, 그것은 진실함이 아니다. 뉴젠 가족들과 진실하게 관계를 맺기 위해선 종교적인 목적을 내려놓아야 했다. 전도를 목적으로 다가가는 관계는 이미 순수하지 않다. 친구 됨의 목적은 그냥 '진짜 친구'가 되는 데 있다.

그 과정에서 얻은 축복이 있다. 하나님 아버지의 마음을 더 배우고, 영혼을 사랑하는 마음을 품게 되었다는 것이다. 시간이 지나면서 회원들이 사랑스러워졌다. 내 동생 같고, 내 친구 같고, 내 가족 같다. 고객이라는 생각이 전혀 들지 않아서 때론 사업장을 운영하는 데 차질이 있지만 그래도 마냥 예쁘다. 한편으론 이렇게 가족처럼 친한 회원들이 예수님을 모른다고 생각하니 마음이 미어진다. 그래서 그들을 위해 진솔하게 기도하게 된다. 체육관에서 무릎을 꿇고 기도할 때마다 아버지의 마음이 무엇인지 조금씩 배운다.

회원들과의 관계뿐만 아니라 사업상 만나는 여러 업체들과도 진실한 관계를 맺어야 한다. 체육관을 운영하다 보니 어쩔 수 없이 많은 사람들과 업무적인 연결고리가 생겼다. 건물주, 세탁업체, 보안업체, 관리업체, 운동물품 거래

처, 거래 은행 직원, 주변 사업장들, 주차장 아저씨 등 정기적으로 얼굴을 보고 인사를 나누는 인맥이 많아졌다. 그분들 한 사람 한 사람과 인격적으로 친밀한 관계를 만들어 가기란 쉽지 않지만, 기회가 주어지는 대로 최선을 다해 섬기고 있다. 스쳐 지나가는 사람들도 진심으로 대하다 보면 하나님께서 허락하시는 은혜를 경험하게 된다.

체육관을 인수하는 과정에서 하루는 수건을 세탁하시는 사장님과 대화를 하게 되었다.

"코치님, 체육관을 다른 사람이 인수하게 되었다고 들었습니다."

"사장님, 그 사람이 바로 접니다. 제가 체육관을 인수하게 되었어요."

"아, 그래요? 너무 잘됐네요. 축하드립니다. 코치님은 인상이 좋아서 잘될 겁니다."

"(헉, 내가 인상이 좋다니…) 네, 감사합니다."

사장님은 내 손을 덥썩 잡더니 이렇게 얘기하셨다.

"체육관이 잘 운영되도록 기도하겠습니다."

기도해 주신다는 말에 너무 놀라서 나는 내가 목사라는 사실을 밝혔다. 이번엔 사장님이 놀라면서 자신은 아현동에 위치한 교회의 장로라고 밝히셨다.

이후에 우리는 몇 번 식사를 같이하면서 하나님께서 주신 비전에 대해 나누었고, 지금까지 동역 관계를 유지하고 있다. 새벽마다 체육관을 위해 기도하신다는 장로님의 말을 들을 때마다 얼마나 위로가 되는지 모른다.

빛은 관계를 통해 비춰진다. 관계가 형성되지 않으면 빛이 들어갈 수 없다. 생명은 인격적인 관계를 타고 흘러들어간다. 예수님께서 우리의 친구가 되어 주셔서 얼마나 감사한지 모른다.

둘째, 거룩한 몸부림이다

그리스도인들은 세상 속에서 거룩하기 위해 몸부림치며 살아야 한다. 연약한 존재인지라 완벽하게 살진 못해도 하나님의 말씀을 따라 살고자 하는 처절한 몸부림이 있어야 한다. 우리 안에 내주하시는 성령님은 항상 우리를 거룩함으로 이끄신다. 그래서 그리스도인의 삶에선 거룩한 전쟁이 끊이지 않는다. 세상으로 들어가 체육관을 운영하며 살다 보니 많은 유혹과 어려움이 따른다. 세상에선 융통성 있게 적당히 타협하며 살아야 성공하고 어려움을 피할 수 있는데, 그리스도인은 말씀이라는 절대 가치를 따라 살아야 하기 때문에 여러 난관을 만난다.

그리스도인들은 사업을 할 때 성경의 원리를 따라 운영해야 한다. 성경은 사업 운영에서 크게 세 가지를 강조한다. 첫째는 법을 지키며 저울을 속이지 않는 정직함이고, 둘째는 직원들을 하나님의 사랑으로 섬기는 것이고, 셋째는 땀 흘리는 성실함이다. 사업의 목적은 당연히 '하나님 나라'가 되어야 한다. 직원들이 모여서 예배를 드리는 것만으론 기독교 기업이라고 할 수 없다. 진정한 기독교 기업은 성경의 원칙을 따라 정직하게 경영하며 선교적 사명을 위해 헌신하는 기업이다.

사실 성경의 원리를 따라 사업을 하면 성공하기가 무척 어려워진다. 정직하게 사업을 하면 돈을 벌기가 힘들다. 세금을 정확히 또박또박 내다 보면 수익을 올리기 힘들다. 단가를 책정할 때 거품을 빼고 합리적으로만 계산하면 큰 이익을 남길 수 없다.

쇼핑을 하면서 현금가와 카드가가 다른 경우를 많이 본다. 보통 카드보단 현금으로 지불할 때 가격이 더 싸다. 왜 그런가? 상점 주인이 물건 값을 현금으로 받는 것은 부가세 신고를 하지 않기 위해서다. 대부분이 그렇게 장사를 한다. 그래야 수익을 조금이나마 더 챙길 수 있기 때문이다. 그러나 그리스도인들은 그렇게 하면 안 된다.

뉴젠을 운영하면서 나는 그리스도인이니까, 더군다나 목사니까 당연히 성경의 원리대로 사업을 하겠다고 다짐했다. 회원권 가격을 정할 때도 다른 체육관보단 상대적으로 저렴하게 책정했다. 홍대 근처라는 지역 특성상 직장인보다 학생과 자영업자들이 많기 때문이다.

또한 현금가와 카드가를 동일하게 정해 놓았고, 다른 업체들과 거래할 때도 비과세업자가 아니라면 꼬박꼬박 세금계산서를 발행하면서 거래를 했다. 회비를 현금으로 받을 때면 꼭 현금영수증을 발행하고, 필요없다 해도 현금에 대한 신고를 했다. 부가가치세, 종합소득세, 사업소득세, 지방소득세, 면허세, 등록세, 크로스핏 본사 로열티까지 뭔 세금이 이렇게 많은 건지….

기독교 기업은 직원들도 잘 섬겨야 한다. 임금을 넉넉하게 챙겨 주진 못해도 최선을 다해 코치들을 섬기고자 했다. 재정 적자가 나도 직원들의 급여와 복지가 우선이었다. 임대료와 관리비는 하루도 지체되지 않게 정확히 정산했다.

그러다 보니 진짜 먹고살기가 힘들었다. 월말만 되면 입이 바짝바짝 마르고 속이 타 들어갔다. 매달 허덕이는 모습에 뉴젠 가족들이 내 걱정을 하기 시작했다. 그들의 눈에 내가 너무 답답해 보였는지 회원들 중에서도 자영업 선배들이 조언을 많이 해주었다.

"그렇게 하면 안 돼요. 망해요. 코치님도 먹고사셔야죠."

진심 어린 충고가 고마웠지만 내가 어떻게 할 수 있겠는가? 돈을 벌기 위해 체육관을 운영하는 것도 아니고 먹고 살려고 하는 것도 아니니 말이다. 나는 그리스도인인데 말이다. 하루에 몇 번이고 유혹이 찾아올 때마다 이를 악물고 몸부림을 쳐야 한다. 그래선지 우리 회원들의 소원이 내가 돈을 버는 것이 되었다. 회원들끼리 앉아서 이야기하는 것을 들었는데, 전부 다 나를 걱정해서 하는 내용이다. 얼마나 미안하고 감사한지 모른다.

한번은 어떤 회원이 장기 등록을 하러 왔다. 장기권은 금액이 꽤 크다. 그런데 그분이 그 큰돈을 다 현금으로 준비해 왔다. 그 돈이 얼마나 보암직도 하고 먹음직도 하던지…. 당연히 현금영수증을 끊어야 하기에 전화번호를 물었다. 그러나 그 회원은 필요없으니 그냥 받으라며 내게 돈을 내밀었다. 사실 그때 우리 가정은 형편이 아주 좋지 않아 돈이 절실했다. 유혹이 찾아왔다. 나는 유혹에 99퍼센트 이상으로 넘어가 그 돈을 받으려고 했다.

바로 그때 그 장면을 지켜보던 다른 회원이 등록하려는 그에게 다가와 큰소리로 말했다.

"우리 코치님 영수증 없이 돈 절대 안 받으셔. 어차피 소득 신고하시니 그냥 현금영수증 끊어!"

경제적 측면뿐 아니라 다른 유혹들도 얼마나 많은가? 쾌락의 유혹, 성적 유혹들이 얼마나 많은가? 나도 남자이기 때문에 절대 자유롭지 못하다. 체육관에는 여성 회원들도 많다. 대부분이 20대, 30대의 예쁜 청년들이고 가족처럼 지내는 편안한 사이이다. 그러나 그럴수록 더욱 조심해야 한다. 정신 차리지 않으면 큰일날 수도 있다. 히브리서 말씀처럼 피 흘리기까지 죄와 싸워야 한다.

고집스럽게 말씀을 따라 사는 것을 비그리스도인들은 이해하지 못한다. 그러나 시간이 지나면서 인정하기 시작한다. 세상의 많은 유혹 앞에서 우리가 때론 넘어질 수 있지만, 그래도 포기하지 않고 일어나 다시 몸부림쳐야 한다. 빛은 거룩한 몸부림을 통해 비춰지기 때문이다.

하나님은 우리의 거룩한 몸부림을 발판 삼아 등장하신

다. 우리의 삶 속에서 하나님의 역사하심을 보기 원한다면, 거룩한 발판을 준비해야 한다. 다니엘과 세 친구는 우상숭배가 가득한 바벨론 땅에서 거룩한 몸부림을 치며 살았다. 그렇게 목숨을 걸고 거룩한 발판을 준비하자 그들의 삶을 통해 하나님께서 등장하셨다. 누구도 부인할 수 없는 하나님의 영광이 바벨론 한복판에 나타나고, 이방인들이 하나님을 인정하고 예배하는 하나님의 승리가 나타난다.

> 느부갓네살이 말하여 이르되 사드락과 메삭과 아벳느고의 하나님을 찬송할지로다 그가 그의 천사를 보내사 자기를 의뢰하고 그들의 몸을 바쳐 왕의 명령을 거역하고 그 하나님 밖에는 다른 신을 섬기지 아니하며 그에게 절하지 아니한 종들을 구원하셨도다. 단 3:28

"다른 줄 알았는데 알고 보니 똑같네."

이것은 그리스도인이 들을 수 있는 가장 굴욕적인 말이다. 반대로 우리는 이런 말을 들어야 한다.

"같은 줄 알았는데 알고 보니 다르네."

왜 같은 줄 알았는가? 진실한 친구니까! 왜 알고 보니 다른가? 거룩한 몸부림을 치니까! 하나님을 드러내는 거룩한 몸부림이 우리의 삶 속에 가득하길 소망한다.

셋째는, 희생적 섬김이다

희생과 섬김은 그리스도인의 본질이다. 예수님도 희생과 섬김의 삶을 사셨다. 그리스도인들이 세상에서 빛을 발하기 위해선 희생하며 섬기는 길을 걸어야 한다. 희생적인 섬김은 생명이 흐르는 통로다. 희생적 섬김이 있어야 비로소 생명의 열매가 맺힌다.

> 내가 진실로 진실로 너희에게 이르노니 한 알의 밀이 땅에 떨어져 죽지 아니하면 한 알 그대로 있고 죽으면 많은 열매를 맺느니라. 요 12:24

뉴젠을 시작하면서 뉴젠을 위해 모든 것을 바치기로 마음먹었다. 교회 목회를 내려놓고 세상으로 나온 이유가 돈을 벌기 위함도 아니고, 성공하기 위함도 아니고, 즐겁게 살기 위함도 아니고, 오직 복음을 위한 것이라면 목숨을 거는 것이 마땅했다. 그런데 그것이 생각처럼 쉽지 않았다. 한 알의 밀처럼 썩는다는 것이 그다지 매력 있게 보이지 않았다. 썩는다는 것은 굉장히 실제적이고 현실적인 희생이었다. 기독교 사역은 화려하고 멋있는 사역이 아니라 '죽는' 사역이다. 목숨을 거는 헌신이 없다면 생명의 열매는 절대 맺히지 않는다.

선교의 역사를 보면 모두가 피 묻은 이야기들이다. 생명을 드릴 때 생명을 얻는 것이 십자가의 원리요 복음의 공식이다. 오늘날 많은 기독교 사역들이 화려한 무대와 멋진 조명과 스타 목사의 재미있는 설교와 찬양 사역자들의 퍼포먼스로 채워지고 있다. 회중은 열광하고 좋아할지 몰라도 화려함으로 끝나는 사역은 생명을 맺을 수 없다.

나는 뉴젠을 위해 죽어야 했다. 썩는다는 것이 무엇일까? 희생한다는 것이 무엇일까? 자신의 권리를 포기하는 것이다. 쓸 권리를 포기하고, 누릴 권리를 포기하고, 챙길 권리를 포기하는 등 철저하게 자기를 부인하는 삶이다.

우리 가족은 뉴젠을 위해 재정의 권리를 포기했다. 무너져 가는 사업을 인수한 것이라서 처음부터 뉴젠은 희생을 발판으로 시작되었다. 하나님의 은혜로 인수 비용은 마련했지만, 운영비는 한푼도 없어 결국 개인 마이너스 통장으로 첫 시동을 걸었다. 그렇게 시동을 걸고 전진하다 보니 고정 비용이 계속해서 발생했고, 매출 소득은 뉴젠의 엔진

이 잘 돌아가도록 하는 일에 우선적으로 써야 했다. 그러자면 우리 가족의 생계는 우선순위에서 가장 뒤로 밀리는 것이 당연했다. 임대료와 세금, 직원들의 급여와 시설 유지 보수 관리비, 회원들의 운동 환경 조성이 먼저였다.

부끄러운 이야기지만 지난 3년 동안 우리 가족의 연봉을 계산해 보니 500만 원이 채 안 된다. 뉴젠을 움직이기 위해선 우리가 꼭 감당해야 하는 희생이었다.

또 하나의 문제는, 뉴젠 가족들이 너무 사랑스러워서 그들에게 많은 것을 해주고 싶은 것이었다. 크로스핏 대회가 끝나면 기념품을 만들어 주고 싶고, 신발이 없는 회원은 신발을 사 주고 싶고, 맛있는 것을 보면 먹이고 싶고, 집에 초대하고 싶었다. 회원들을 위해 무언가를 하는 게 행복했다. 그렇다면 지금까지 우리 가족은 어떻게 먹고살고 있는가?

> 그러므로 염려하여 이르기를 무엇을 먹을까 무엇을 마실까 무엇을 입을까 하지 말라 이는 다 이방인들이 구하는 것이라 너희 하늘 아버지께서 이 모든 것이 너희에게 있어야 할 줄을 아시느니라 그런즉 너희는 먼저 그의 나라와 그의 의를 구하라 그리하면 이 모든 것을 너희에게 더하시리라. 마 6:31-33

믿을 것은 하나님의 약속말고는 없었다. 하나님 나라를 위하여 올인할 때 우리의 먹고 마시고 입는 것을 채우신다는 하나님의 말씀을 믿는 것말고는 달리 붙잡을 것이 없었다. 당연하지만 하나님의 말씀은 살아서 운동력이 있다. 덕분에 지난 3년 동안 우리 가족은 (차고 넘치진 않지만) 잘 먹고 잘 살아 왔다. 때를 따라 채워 주시는 하나님의 은혜로 이 길을 걸어 올 수 있었다. 우리 가족의 삶과 뉴젠 안에 살아계신 하나님의 흔적이 얼마나 많은지 그저 감사할 따름이다.

간증 거리가 무수히 생기고, 하나님이 아니고선 결코 설명할 수 없는 삶의 이야기들이 써지고 있다는 점이 얼마나 영광스러운지 모른다. 예전에 전혀 알지 못했던 이들의 헌신을 통해 인수 비용으로 빌렸던 돈도 보증금을 제외하고 전액을 갚게 되었다. 뉴젠 운영이 힘들었을 때, 그 상황을 모르던 건물주가 이미 받은 월세를 이유 없이 돌려주어 한 달을 그냥 산 적도 있다(건물주는 그리스도인이 아니다). 넉넉지 못한 살림이지만 자비량으로 가야 하는 코스타와 선교지 사역들을 매년 꾸준히 섬길 수 있는 것도 다 하나님의 은혜다. 할렐루야!

사실 믿음으로 사는 삶에 대해선 오래전부터 훈련을 받

아 왔다. 그런 훈련 과정이 있었기에 지금의 삶을 살 수 있는 것 같다.

샘물교회를 사임하고 문미엔 사역을 시작하면서 하나님의 훈련이 시작되었다. 흔히 말하는 믿음 훈련 혹은 재정 훈련을 너무나 실제적으로 받게 된 것이다. 부교역자 생활을 마치고 단독 사역을 시작하면서 재정과 생계에 대한 걱정이 나를 짓누르기 시작했고, 나는 인간적인 방법으로 재정 문제를 헤쳐 나갈 방안을 만들어 냈다.

가장 먼저 후원자를 모집했다. 샘물교회 문화 선교사로 파송을 받으면서 가능하면 많은 약정 후원자를 모집하는 것이 일차 목표였다. 화려한 파송식을 통해 많은 성도들이 문미엔 사역의 후원자로 약정을 해주신 덕분에 문미엔은 시작부터 든든한 재정 후원자들과 함께 출발할 수 있었다.

그러나 많은 이들이 작성해 준 약정서를 보며 기뻐하던 내게 하나님은 불편한 마음을 주셨다. 선교사로 파송을 받으며 후원자를 모집하는 것이 잘못은 아닌데, 이상하게 마음이 힘들고 죄책감이 들었다. 사람이 작성해 준 약정서를 믿는 것이 아니라 하나님만 믿고 나아가라는 명확한 감동이 들었다. 며칠을 기도하며 씨름하다가 결국 받은 약정서를 모두 파기하며 모험의 삶으로 들어섰다. 하나님은 재정이 들어올 수 있는 모든 길을 차단하고 하나님만 신뢰하는 삶으로 우리 가정을 인도하셨다. 두려움과 불안이 끊임없이 나를 힘들게 했다. 그나마 다행히도 교회에서 받은 퇴직금과 그동안 조금씩 저금했던 재정이 있어 가족의 생계는 유지할 수 있었다.

문제는 문미엔이었다. 후원도 없고 기초 재정도 없으니 문미엔을 운영할 재간이 없었다. 할 수 있는 것이 기도밖에 없어 재정 공급을 위해 간절히 기도했다. 그런데 기도 중에 우리 가정의 모든 재정을 문미엔 사역에 드려야 한다는 '이상한' 부담감이 들었다. 나는 도저히 받아들일 수 없었다. 그 돈이 어떤 돈인데!

며칠을 고민하다 아내와 상의를 했다.

"하나님께서 달라시면 드려야지."

예상치 못한 아내의 대답이었다. 한 가정의 가장으로서 가족의 생계를 책임져야 하는데, 하나님의 믿음 테스트는 내게 너무나 혹독했다. 부끄럽지만 전액은 드릴 수 없어 재정의 절반만 드렸다. 그리고 몇 주 동안 도망치듯 무시하다가 결국 말씀으로 한방 맞고 어쩔 수 없이 전액을 드리게 되었다. 그렇게 우리 가정은 통장 잔고 0원으로 새로운 사역의 길로 들어섰다. 그때부터 지금까지 믿음으로 사는 삶이 무엇인지 조금씩 배우며 훈련을 받고 있다.

뉴젠을 위해 재정뿐 아니라 나의 시간과 에너지와 모든 것을 희생해야 한다. 회원들이 안전하게 운동하고, 즐거운 시간을 보내며, 뉴젠을 통해 작은 행복을 누릴 수만 있다면 부족하지만 뭐든지 해주고 싶다. 특히 젊은 청년들의 이야기를 듣고 상담해 주는 역할이 참 좋다. 회원들이 나를 찾을 때가 제일 감사하고 기분이 좋다. 힘들고 지칠 때, 인생의 고민이 있을 때, 때론 배고플 때 다른 곳을 찾지 않고 "코치님" 하고 내게 연락을 하면 그렇게 감사할 수 없다. 요즘은 아내까지 합류하여 회원들의 이야기를 들어 주고 있다. 우리 가족 전체가 뉴젠 한 사람 한 사람에게 축복의 통로가 되면 좋겠다.

어쩌면 뉴젠이 문을 닫는 날이 올 수도 있다. 사실 지난 3년 동안 생존한 것도 하나님의 은혜였다. 망할 때 망하더라도 최대한 많은 이들이 뉴젠을 통해 복음을 알게 되는 것이 나의 간절한 기도 제목이다.

기독교 사역은 화려하고 멋있는 사역이 아니라 '죽는' 사역이다. 목숨을 거는 헌신이 없다면 생명의 열매는 절대 맺히지 않는다.

21

사랑스러운 열매들

세상 속에서 사람들의 친구가 되고, 거룩한 몸부림을 치면서 희생적으로 섬기며 살 때 하나님께서 그분의 영광의 빛을 비춰 주신다. 그리고 약속하신 대로 아름다운 열매가 맺히기 시작한다. 세상에서 몸부림치며 산 지 얼마 되지 않았지만, 하나님은 우리 가정의 삶과 뉴젠 속에서 그분의 일을 이루고 계신다.

지금까지 어떤 열매들이 맺혔는지 살펴보자.

첫 번째 열매는, 뉴젠이 가족이 되었다

회원들을 사랑하는 마음으로 체육관을 운영하고 함께

희생하며 섬기다 보니 어느 순간 우리 뉴젠은 교회 같기도 하고 가족 같기도 한 공동체가 되었다. 회원들이 뉴젠을 사랑하고 오히려 우리 가족을 섬기는 '이상한' 모습이 나타나기 시작했다. 체육관 청소도 회원들이 도와주고, 수건을 함께 개고 정리하고, 체육관 비품이 떨어지면 회원들이 직접 구입해서 채워 놓고, 어디 여행을 다녀오면 함께 먹자고 푸짐한 간식과 선물을 사 들고 온다. 다른 지역으로 이사 가서 운동을 못하게 되어도 연락의 끈을 놓지 않고, 서울을 방문할 때마다 친정에 들리듯 찾아온다.

뉴젠은 체육시설 사업장이 아니라 쉼의 공간, 교제의 공간, 회복의 공간으로 자리를 잡아 회원들이 한번 오면 떠나지 않는 아지트가 되었다. 낮잠을 자러 오기도 하고, 이야기하러 들리기도 하고, 어떤 때는 시험 공부와 수강 신청을 하러 오기도 한다. 시설도 낙후하고, 냄새도 나고, 분위기도 어두컴컴한데 뉴젠에 오면 그냥 마음이 편해진다는 이야기를 참 많이 듣는다. 이 모든 것이 하나님의 은혜가 아니고 무엇인가? 뉴젠이 많은 사람들에게 건강과 행복을 주고, 더 나아가 진리를 발견하는 거룩한 공간이 되면 좋겠다.

뉴젠을 인수하고 8개월이 되는 달에 내 생일이 다가왔

다. 뉴젠에선 코치의 생일에 전체 회원들이 함께 축하해 주고 생일 운동을 하고 선물도 나누는 문화가 있다. 뉴젠을 위해 수고하는 코치들을 위해 작지만 좋은 추억을 주고 싶어 만든 이벤트다. 하지만 막상 내 생일 때 하긴 부끄럽고 미안해 생일을 알리지 않고 조용히 넘어가려 했다.

생일날 평소와 같이 출근을 하는데, 그 새벽에 회원 몇 명이 체육관 밖에서 나를 기다리고 있었다. 너무 놀라서 왜 이렇게 일찍 왔냐고 물으니 대답은 없고 얼굴에 미소만 띠었다. 체육관 철문을 열고 내려가는 계단엔 작은 촛불들이 깔려 있었고, 양쪽 벽에는 알록달록한 풍선들이 장식되어 있었다. 촛불은 체육관 현관까지 연결되어 큰 하트 모양으로 나를 기다리고 있었고, 밑에 숨어 있던 회원들이 "생일 축하합니다!"라고 외치고 노래를 부르면서 등장했다.

얼마나 놀라고 감동이 되던지! 고깔모자를 쓰고, 축하를 받고, 케이크의 촛불을 끄고, 정성스럽게 준비한 선물도 받았다. 뉴젠 가족들이 내게 선물을 주며 한 말을 잊을 수 없다. "코치님, 지금껏 코치님께 받은 것이 너무 많아요. 감사합니다."

감격적인 깜짝 생파(생일파티)를 마치고 함께 체육관에 들어갔더니 저녁반 친구들이 포스트잇에 메시지를 써서 체육관 벽에 가득 붙여 놓았다. 그중 하나엔 이런 고백이 쓰여 있었다. "코치님, 생신 축하드려요. 우리 체육관은 성공이 아니라 섬김을 추구해서 참 좋아요." 이것은 교회를 다니지 않는 비그리스도인의 고백이다. 사랑하는 뉴젠 가족들이 해마다 내게 과분한 사랑을 주고 있다.

한번은 20대의 젊은 회원 다섯 명이 찾아왔다. 그들은 쑥스러운 듯 다가오더니 직접 손으로 쓴 편지를 주고 갔다. 다섯 명 중에 네 명은 교회를 다니지 않는 비그리스도인이고, 한 명은 교회를 다니지만 신학적으로 갈등이 많은 친구다. 편지를 뜯어서 보니 이런 내용이 적혀 있었다.

"코치님, 감사합니다. 즐겁게 운동할 수 있는 공간을 마련해 주셔서 감사합니다. 뉴젠 덕분에 행복합니다. 많이 힘드시죠? 얼마 안 되지만 성의를 조금 모았습니다. 가족들과 맛있는 거 드세요."

봉투 안에는 돈이 들어 있었다. 봉투를 들고 한참을 가만히 있었다. 고맙기도 하고 미안하기도 하고 힘이 나기도 하고 만감이 교차했다.

최근에 뉴젠 회비를 조금 인상했다. 뉴젠이 간당간당 운영되는 것을 알았는지 몇몇 회원들이 회비를 올려야 한다고 건의했다. "코치님, 뉴젠은 없어지면 안 됩니다. 회비를 올리셔야 합니다!" 아니, 어떤 회원들이 체육관 회비를 올리라고 건의한단 말인가? 뉴젠은 돈 내고 다니는 체육관을 넘어 함께 만들어 가는 가족이 되었다.

제게 성호 코치님은 가족 같은 분이 되었어요. 작은아빠 같기도 하고 자주 보는 친척 같아요. 회원들과 같이 운동해 주시고, 소통하려고 노력하시고, 차별 없이 세심하게 신경 쓰는 등 진심으로 대해 주셔서 감사합니다.

저는 기독교인이 아니어서 목사님들이 보통 어떤 이미지인지 잘 모르는데, 성호 코치님이 목사님이라는 사실을 알고 처음엔 매우 놀랐어요. 사실 지금도 목사님으로 생각되진 않아요. 저는 코치님이 금방 이 일을 그만두실 줄 알았어요. :) 뉴젠은 제가 가게를 시작하면서 같이 운동을 시작한 곳이어선지 더 마음이 가요. 언제든지 운동하러 갈 수 있는 곳이고 집 같은 곳이에요.

코치라기보단 큰형님 느낌으로 존경스럽고 큰~정이 생겼습니다. 운동 말고도 힘든 일이 있을 때마다 크고 작은 힘이 되어 주셔서 지금은 마음으로 의지할 수 있는 인생의 멘토 같은 분이십니다. 종교가 없는 제게 목사라는 직업은 조금 당황스러웠습니다. 운동 시간에 찬송가를 트는 건 아닌가 걱정도 했지요.^^ 다른 데선 남의 시선을 의식해야 하는데, 뉴젠에서 그런 거 신경 쓸 일이 전혀 없이 편하게 놀고 운동할 수 있어 좋습니다. 집처럼 편안한 곳입니다.

코치님을 처음 뵈었을 때가 대략 3년 전입니다. 오전 운동 시간에 갔는데 친근하게 다가와 주셨지요. 전날 운동 기록을 보며 엄청 잘한다고 칭찬해 주셔서 조금 쑥스러웠습니다. 이제 코치님은 저의 롤모델입니다. 박스(체육관)일뿐 아니라 다방면으로 바빠 가정에 신경을 못 쓴다고 하시지만, 코치님의 가족을 보면 굉장히 화목해 보입니다. 운동하는 코치님을 보며 나도 '저렇게 멋있게 나이 들어야지'라는 생각을 자주 합니다.

뉴젠의 문을 열면 "○○야 왔어?"라며 항상 같은 자리에서 같은 모습으로 반겨 주는 성호 코치님, "오늘 피곤해 보인다. 힘들었어?"라고 걱정스럽게 말해 주는 언니, 오빠, 동생들이 있습니다. 시든 풀 같던 제가 뉴젠에 와서 사랑과 관심과 위로와 격려를 받고 다시 일어나 열심히 운동하고 있습니다. 운동 후엔 즐거운 마음으로 내일을 준비하며 행복하게 하루를 마무리하지요. 뉴젠은 편안한 휴식처이자 새로운 생명을 얻는 곳입니다. 받는 기쁨보다 주는 기쁨이 더 크다는 것을 알기에 항상 우리를 아껴 주고 밥 한 끼라도 더 사주려는 성호 코치님, 감사해요. 뉴젠이라는 사랑과 울타리 안에서 운동하는 하루 하루가 행복합니다. 사랑합니다. :)

뉴젠은 좋은 사람들과 땀 흘리며 노력하는 게 무엇인지 가르쳐 준 곳입니다. 마음이 따듯한 사람들과 운동 외에 여러 이야기를 나눌 수 있는 곳이고도 하고요. 코치님은 제게 목사도, 코치도 아닌 동네형입니다. 마음의 안식처를 제공해 주는 고향형 같습니다.

코치님이 목사님인 것을 알았을 땐 정말 놀랐습니다. '엥? 목사라고? ㅋㅋ 목사라고 코치 못할 건 없지'라고 생각했는데, 막상 체육관에 와서 운동복 차림의 코치님을 보면 도무지 목사님 같지 않았죠. 하지만 SNS에 올라온 강연 사진을 보면서 '목사 맞네, 멋지다'라는 생각이 들었습니다. 한번은 체육관에서 누가 목사님이라고 부르자 여기선 무조건 코치라고 부르라며 호통(?)치는 걸 봤는데 좀 멋있었습니다. 저는 교회를 다닌 적이 있는데 안 맞는 것 같아 지금은 다니지 않습니다. 아무튼 뉴젠은 같이 청소하고 놀고 운동하는 아주 정감 가는 장소입니다. 제게 제2의 집이죠.

코치님은 배울 점이 많은 분이에요. 일단, 굉장히 부지런하세요. 평일엔 아침 일찍 박스에 출근하고, 주말엔 설교하고, 틈틈이 회원들과 축구도 하고, 그 와중에 가정도 챙기시잖아요. ㅎㅎ 그리고 얘기를 잘 들어 줘서 좋아요. 코치님을 만나면 제가 수다스럽게 변하는 것 같아요. 이런저런 얘기를 하다 보면 아빠처럼 친근하게 느껴져요.

사랑스러운 열매들

여기에 다 기록할 수는 없지만 뉴젠에선 지금도 아름다운 이야기들이 써지고 있다. 가족같이 친밀해지면서 늘 좋은 일만 있는 것은 아니다. 서로 인사만 나누고 운동만 하던 공적(?)인 관계에서 삶을 나누는 인격적인 관계가 되니 오히려 갈등이 생기고 어려움이 생길 때도 있다. 화평케 하는 피스 메이커 Peace Maker의 역할이 중요해지는 대목이다. 중재자가 되어 서로의 이야기를 진솔하게 들어주고 때론 조언도 해야 한다. 뉴젠이 친밀한 가족이 되어 가면서 실전 목회가 무엇인지 조금씩 배워 가고 있다.

부족한 사람들이 모인 공간이지만 하나님의 은혜와 사랑이 흘러넘치는 세상 속의 교회가 되길 소망한다.

두 번째 열매는, 뉴젠에서 하나님은 더 이상 먼 나라 이야기가 아니다

목사라는 사람이 체육관 코치로 오면서 많은 사람들이 기독교, 하나님, 예수님, 복음을 조금 더 가깝게 느끼게 된 것 같다. 매일 함께 땀 흘리고, 놀고, 먹고, 웃고 떠들다 보니 뉴젠 회원들에게 기독교는 더 이상 낯선 종교가 아니다. 평생 교회에 다녀 본 적 없는 사람들에게 기독교는 관심 밖에 있는, 자신과 전혀 상관없는 먼 나라 이야기였을 텐데

이젠 그 거리가 많이 좁혀졌다. 목사도 자신과 별로 다르지 않다는 생각이 들면서 친숙함을 느끼게 된 것 같다.

한번은 한 회원이 내게 이렇게 말했다. "제 인생을 돌아보면 하나님이 저를 부르신 사건이 몇 번 있었던 것 같아요. 그때마다 무시하고 그냥 제 갈 길을 갔는데, 최근에 또 그런 사건이 일어났어요. 목사라는 사람이 제가 운동하는 체육관의 코치로 온 게 어디 보통 일인가요?" 그 말에 한참을 웃었지만 어쩌면 그의 고백은 사실일지도 모른다. 그리스도인들이 세상 속에서 하나님을 의지하며 섬김의 길을 걷기 시작하면, 많은 사람들에게 기독교의 삶 자체가 친숙하게 느껴지는 은혜가 임한다.

그것이 삶을 통해 흘러 가는 조용한 혁명이다. 기독교는 요란한 혁명을 추구하지 않는다. 하나님의 역사는 작은 곳에서, 변두리에서, 평범한 일상에서 조용히 시작된다. 진정한 개혁은 중심이 아니라 변방에서 일어나며, 높은 곳에서 아래로 흐르는 게 아니라 낮은 곳에서 위로 흘러 간다.

오늘날 많은 기독교 사역들이 세상과 똑같은 방식으로 움직이고 있다. 세상의 권력을 가지고 세상의 인기를 이용해 세상의 중심에서 하나님의 일을 하고 싶어한다. 그러나 그것은 세속적인 방식이다. 성경을 보면 알 수 있듯이, 하나님의 혁명은 지극히 평범한 일상의 작은 곳에서 시작된다.

뉴젠 사람들에게 기독교가 친숙해지다 보니 종종 재미있는 일이 벌어진다. 내게 기도 부탁을 하기 시작한 것이다. 기도 제목이 지극히 세상적이고 '귀여운' 것들이지만, 그렇게 부탁하는 것 자체가 얼마나 기특한지 모른다.

지금도 가끔 설교를 하러 집회에 간다. 예전처럼 많이 섬기진 못해도 시간이 맞고 꼭 가야겠다는 생각이 들면 최선을 다해 가려고 한다. 한번은 성수동에 있는 교회에서 설교를 하게 되었다. 많은 청년들이 모이는 제법 규모가 큰 집회였다. 예배를 마치고 찬양팀과 교제하고 있는데 저쪽 구석에서 청년들 한 무리가 손을 흔들며 내려왔다. "코치님~" 우리 회원들이었다. 얼마나 놀랐는지 모른다. 그중 한 명은 태어나서 교회라는 곳을 처음 들어와 봤다고 했다.

회원 한 명이 간 이식을 하는 큰 수술을 하게 되었다. 어머니에게 자신의 간을 이식하기로 한 착하고 멋진 청년이다. 이 친구는 문신을 하는 타투이스트다. 운동도 잘하고, 몸 여기저기에 타투도 많고, 얼굴도 남자답게 잘생겼다. 사실은 조금 무섭게 생겼다. 내가 몹시 아끼는 이 친구가 수

술을 하고 며칠간 병원에 입원하게 되었다.

당연히 병문안을 갔다. 혼자 가기가 썰렁해서 회원들 다섯 명과 함께 주스 한 상자와 돈봉투도 들고 갔다. 병원에서 한참을 이야기하며 놀았다. 헤어질 시간이 다가왔는데 그냥 떠나기도 어색해서 이렇게 말했다.

"그래도 내가 목사인데 기도 한번 해줄까?"

"네, 코치님, 기도해 주세요."

함께 간 친구들과 손을 잡고 기도했다. 한 명 빼고 전부 비그리스도인이었다. 기도하는 동안 교회에 다니지 않는 회원 중 한 명이 그렇게 흐느껴 울 수 없었다.

가끔 체육관을 비우고 해외 집회를 갈 때면, 회원들이 많이 응원을 해준다. 잘 다녀오라고, 체육관 걱정은 하지 말라며 자신들이 지키겠다고 말한다. 어떤 회원은 기도하겠다는 말도 한다. (도대체 누구한테 기도할지 살짝 두렵긴 하다.) 내가 자리를 비우면 가끔 회원들이 체육관 문을 열고 청소를 하며 일과를 시작한다. 국내 집회에 갈 때면 운전시 졸지 말라고, 설교 잘하라고 졸음 방지 껌과 간식을 바리바리 챙겨 주는 회원도 있다. 코칭하랴, 설교하랴 피곤하겠다며 직접 과일도 깎아 오고, 영양제를 챙겨 주는 회원들도 있다.

정성껏 섬겨 주는 회원들 대부분이 비그리스도인이다.

크로스핏은 고강도 운동이기 때문에 운동 중에 회원들이 소리를 많이 지른다. 요즘 들어 가끔 친숙한 외침이 들리기도 한다. "주여~ 아버지~"

코치님을 보면 안쓰럽기도 하고 존경스럽기도 해요. 아무리 힘들어도 찾아오는 사람들마다 반갑게 대하고 고민을 들어 주시잖아요. 저라도 코치님에게 상담받길 자제하고 있어요. 그래도 어려운 일이 생기면 코치님 생각이 제일 먼저 나요. 제가 보기에 코치님은 진짜 어른이에요. 저도 누군가에게 좋은 어른이 되어야겠다는 생각을 들게 하세요. 정신적 멘토랄까? 코치님이 개구진 면이 있어 성직자라는 생각은 전혀 못했어요. 체육관에서 전혀 종교 이야기를 안 하시잖아요. 하지만 회원들을 따듯이 대하는 모습을 많이 봐서 그런지 목사라 해도 이질감이 없어요. 오히려 멋지세요. 저는 어릴 때 교회에 다녔지만 지금은 아니에요. 소위 그리스도인이라는 사람들에게 뒤통수도 몇 번 맞고 실망도 했지요. 종교가 아니라 사람이 문제라는 걸 알지만 영향을 받지 않을 순 없더군요. 하지만 교회가 코치님 같은 분들이 모인 곳이라면 다시 가 보고 싶다는 생각이 들어요.

보통 크로스핏 와드(정해진 운동량)가 끝나면 사람들이 대부분 바닥에 널브러지거나 거친 숨을 몰아쉬며 휴식 시간을 가진 다음에 사용한 장비를 정리하잖아요. 저도 어느 정도 쉰 다음 정리하려고 고개를 들었는데 성호 코치님이 회원들의 장비 정리를 돕고 있는 모습을 보았습니다. '다른 사람을 배려할 줄 아는 분이구나' 하는 생각이 들었지요. 첫 만남에서 '아주 멋진 사람을 만났다'라고 생각하기까진 수업 한 타임이면 충분합니다. 그때 했던 생각은 지금도 변함없습니다.

즐겁게 운동하며 몇 달이 지난 후 성호 코치님과 SNS에서 친구가 되면서 코치님이 목사님이라는 사실을 알게 되었습니다. 종교가 없는 저는 '목사'가 뭔지 뜻을 찾아보았지요. "예배를 인도하며 신도들에게 교의를 가르치는 성직자"라고 하더군요. 살면서 가장 기쁠 때 혹은 가장 슬플 때 "오, 하나님!"이라고 표현하는 사람을 주변에서 종종 봐서 그런지, 저는 신을 믿고 의지하는 사람들에게 별 거부감이 없습니다. 주변에 교회를 다니고 기독교를 믿는 사람들이 많아 간접적이지만 긍정적인 영향을 받고 있습니다.

사랑스러운 열매들

세 번째 열매는, 뉴젠에 선교적 일상교회가 시작되었다

앞에서 언급했듯이 익숙했던 목회를 내려놓고 세상으로 나오게 된 이유는, 교회가 무엇인가에 대한 고민 때문이었다. 세상으로부터 고립된 오늘날의 교회를 보며 고민하고 기도하다가 여기까지 오게 되었다.

세상 복판에 세워지는 선교적 일상교회가 될 수는 없을까? 부동산 계약을 하면서 시작되는 교회가 아니라 한 영혼의 회심으로 시작되는 교회가 될 수는 없을까? 고민이 기도로 이어지고 기도가 행함으로 연결되면서 뉴젠에 작은 공동체가 하나님 은혜 안에서 시작되었다.

교회를 다니지 않는 회원이 성경에 대해, 하나님에 대해, 신앙에 대해 묻기 시작했다. 같이 밥을 먹으면서 궁금했던 것들을 질문하고, 이러저런 이야기를 나누다가 결국 정기적으로 만나서 성경공부를 하는 것이 좋겠다는 결론에 다다랐다.

큰 모임은 아니지만 교회를 다니지 않는 회원들과의 모임이 시작되었다. 매주 만나기는 서로 부담스러우니 일단 한 달에 한 번 편하게 만나기로 했다. 현재 반 년 넘게 모임이 지속되고 있고, 모일 때마다 맛있게 밥도 먹고 교제하면서 복음과 하나님에 대해 허심탄회하게 나누고 있다.

저는 그리스도인은 아니지만 미션스쿨을 졸업해서 그런지 기독교에 항상 관심이 많습니다. 그래서 코치님께 이런저런 질문을 많이 했더랬지요.

솔직히 신앙 강요와 비리 문제 등으로 기독교에 대한 인식이 좋지는 않았습니다. 제 기억 속의 그리스도인은 앞뒤로 꽉 막혀서 대화가 안 되고 신앙을 강요하는 사람이었습니다. 마음에서 우러나지 않는데 미션스쿨을 다닌다는 이유로 예배에 참석하다 보니 그런 생각이 들었던 것 같습니다.

하지만 점차 그리스도인에 대해 좋은 쪽으로 생각하게 되었습니다. 교회엔 나가지 않지만 주기적으로 코치님을 만나면서부터 생긴 변화입니다. 뉴젠은 제게 병원 같은 곳입니다. 몸과 마음까지 치료하는 병원 말입니다.

코치님을 작은 체육관에서 상담할 때 처음 만났습니다. 크로스핏이 무엇인지, 어떻게 수업이 진행되는지, 체육관의 현황을 상세히 알려 주셨지요. 애당초 등록을 하러 간 건데 무료 체험을 한 다음에 등록을 하라고 권하시더군요. 코치님의 첫인상은 돈 욕심 없고, 몸 좋고, 나이는 조금 있는 듯했죠. 이후에도 코치님은 상담하러 온 분들에게, 심지어 다른 박스(체육관)에서 크로스핏을 하다가 온 분들에게도 먼저 체험하면서 박스의 분위기나 시설을 본 다음에 등록을 결정하라고 권하셨습니다. 정말 배려심이 넘치십니다.

코치님이 목사라는 사실을 듣고, 평소 생각하던 목사의 이미지와 달라 믿기 힘들었습니다. 나중에 알게 되었지만, 제가 본 코치님은 종교인으로서 원칙을 지키려는 신념이 있는 분입니다. 저는 이단 때문에 기독교 전체에 대한 생각이 그리 좋지 않았습니다. 주변에 참된 그리스도인이 없어서 그랬나 봅니다. 그러나 코치님을 만난 후로 생각이 많이 바뀌었습니다. 기독교가 무엇을 추구하는지 알게 되었고, 왜 전도를 하는지도 이해하게 되었습니다. 일부 교회들은 이윤을 목적으로 운영되기도 하겠지만, 코치님과 함께 성경에 대해 이야기하면서 그동안 제가 오해한 부분이 있다는 생각이 들었습니다.

나는 이 모임이 뉴젠의 첫 교회로 든든하게 세워지길 기대한다. 함께 하나님 나라를 꿈꾸면서 예배하고, 기도하고, 교제하며, 예수님의 길을 걸어가는 세상 속의 복음 공동체가 되길 바란다. 그리고 이런 작은 일상교회들이 곳곳에 확장되어 복음의 깃발이 구석구석 꽂히게 될 날을 소망한다.

그 흩어진 사람들이 두루 다니며 복음의 말씀을 전할새. 행 8:4

흩어진 신자들은 가는 곳마다 기쁜 소식을 전하였다. 행 8:4, 현대인의성경

세상 복판에 복음 공동체들이 세워지고, 보다 적극적인 복음 사역이 거침없이 나타나기 시작할 때, 분명 복음으로 인한 고난과 핍박 또한 다가올 것이다. 그런 고난과 핍박이 어쩌면 내가 몸담고 섬기는 체육관에서, 가장 가까운 사람들에게서 나타날지도 모른다. 생각만 해도 아찔하고 고통스럽지만, 사도 바울의 고백과 같이 그리스도의 남은 고난에 동참하는 믿음으로 이 길을 걸어갈 수 있길 기도한다.

하나님의 나라를 전파하며 주 예수 그리스도에 관한 모든

것을 담대하게 거침없이 가르치더라. 행 28:31

나는 이제 너희를 위하여 받는 괴로움을 기뻐하고 그리스도의 남은 고난을 그의 몸 된 교회를 위하여 내 육체에 채우노라. 골 1:24

세상 속에서 사람들의 친구가 되고, 거룩한 몸부림을 치면서 희생적으로 섬기며 살 때 하나님께서 그분의 영광의 빛을 비춰 주신다. 그리고 약속하신 대로 아름다운 열매가 맺히기 시작한다.

22

세토라: 별과 같이 빛나리라

지혜 있는 자는 궁창의 빛과 같이 빛날 것이요 많은 사람을 옳은 데로 돌아오게 한 자는 별과 같이 영원토록 빛나리라.
단 12:3

세토라는 아프가니스탄 말로 '별'이라는 뜻이다.

2007년 7월, 절대로 잊을 수 없는 큰 사건이 일어났다. 샘물교회의 청년들이 아프가니스탄에 단기선교를 갔다가 탈레반에게 잡혀 두 명이 순교하고, 나머지는 40일 넘게 피랍된 것이다. 샘물교회 교육목사로서 한창 열심히 사역하던 시기이고, 청년들과 단기선교도 열심히 다니던 때라 나는 너무나 큰 충격을 받았다. 특히 7월 25일에 배형규 목사님이 AK소총 일곱 발을 맞고 순교하면서 나뿐 아니라 샘물 공동체는 극심한 아픔과 고통 속에서 슬픈 나날을 보냈고, 6일 후 심성민 청년까지 순교하면서 우리 모두는 하나님 앞에 엎드릴 수밖에 없었다.

배형규 목사님은 나와 함께 중국을 다니면서 가정교회 성경학교를 인도한 동역자였다. 청년들을 진실하게 사랑하고, 언제나 겸손하며, 성실한 모습에 정말 좋아하고 존경했던 선배 목사님이다. 그런데 그분이 아프가니스탄에서 돌아가셨다. 목사님의 생일이 7월 25일인데 하나님께서 목사님에게 순교와 천국을 생일 선물로 주신 것이다.

목사님이 돌아가셨다는 소식을 듣고 크게 절망했다. 하나님이 원망스러웠고 아프가니스탄이 미워지고 마음이 너무 혼란스럽고 힘들었다. 예배당에서 무릎을 꿇고 고통 가운데서 하나님을 바라봤다. 왜라는 질문을 던지면서 하나님께 따졌다. 한참 동안 엎드려 기도하는데 하나님께서 마음에 감동을 주셨다.

"성호야, 원래 기독교는 이런 거야. 십자가 없이는 생명이 없어."

아프가니스탄 사건은 사역에 대한 순교적 가치를 내게 심어 주었다. 절대 잊을 수 없는 그 사건을 통해 하나님께서 내게 선교가 무엇인지, 사역이 무엇인지 확실하게 못박아 주셨다. 고통스럽고 슬펐지만 그 사건을 통해 사역자로서 재헌신을 할 수 있었다. 환하게 웃는 배형규 목사님의 사진 액자 밑에 이런 문장을 적어 두었다.

"예수님이 가신 길, 목사님이 가신 길, 저도 갑니다."

기독교는 순교의 종교다. 선교는 순교를 통해 문이 열린다. 많은 사람들을 옳은 길로 인도하는 세토라가 되기 위해 우리는 반드시 십자가를 지고 순교적 삶을 살아야 한다.

> 누구든지 나를 따라오려거든 자기를 부인하고 자기 십자가를 지고 나를 따를 것이니라. 막 8:34

"온전한 헌신은 마지막 것을 드리는 것"이라고 가르치신 배형규 목사님, 그리고 심성민 청년은 아프가니스탄의 세토라가 되어 영원히 빛나고 있다. 나도 세상을 밝히는 세토라가 되고 싶다.

나는 은혜에 빚진 자다.
사랑에 빚진 자다.
더 정신차리고 살아야겠다.
더 섬기고 헌신하며 살아야겠다.
더 나눠 주며 살아야겠다.
세상 한복판에서
한줄기의 빛이 되어 살고 싶다.

선교적 일상교회, 올리브 이야기

책을 마무리하면서 10년 가까이 섬겨 온 모임을 소개하고 싶다. '선교적 일상교회'라는 꿈을 구체화할 수 있었던 것은 뉴젠을 통해서가 아니라 '올리브' 덕분이다. 올리브는 세상에서 치열하게 살아가는 전문직 종사자들로 구성된 성경공부 모임이다. 일상에서 맺어진 관계가 공동체로 세워지다 보니 이들이 꿈꾸는 하나님 나라는 매우 실제적이고 현실적이다.

2010년부터 올리브의 성경 교사로 섬기면서 '선교적 일상교회'에 대한 그림들이 그려지기 시작했다. 어찌 보면 내가 현재의 삶(코치)을 살게 되기까지 올리브의 영향이 커다고 할 수 있다. 지금은 나 또한 한 명의 전문직 종사자가 되어 또 다른 올리브와 같은 공동체가 일상에 세워지길 소망하며 헌신하고 있다.

신난다!
올리브 가야지.

올리브는 다음과 같은 독특한 특징들이 있다.

첫째, 일상을 공유하는 이들이 모였다
같은 영역에서 함께 일하며 연결된 이들이 공동체를 이루어 자연스럽게 하나 된 모임이 될 수 있었다.

둘째, 헌신된 소수의 섬김이가 모임을 이끈다
나는 그 모임의 대장이 아니고 성경을 가르치는 교사일 뿐이다. 올리브는 일반 성도가 목회자처럼 섬기다 보니 수평적 리더십이 실제가 되는 모임이다.

셋째, 단순하고 작은 모임이다

올리브는 인원이 스무 명을 넘은 적이 없다. 열 명에서 열일곱 명 정도가 모인다. 모임의 순서도 간단하다. 식사와 교제, 성경공부, 기도로 깔끔하게 진행된다.

넷째, 비신자가 많다

일상 속에서 모이다 보니 비신자들이 부담 없이 참석할 수 있다. 지금도 인원의 40퍼센트 정도는 교회에 출석하지 않는 이들이다. 감사하게도 그들이 올리브를 통해 복음을 받고, 말씀 안에서 하나님을 알아 가고 있다.

다섯째, 일상에서 하나님 나라를 꿈꾼다

세상 속에서 모이다 보니 세상 속에서 그리스도인으로 살아가는

이야기를 많이 나눈다. 감사하게도 최근 들어 올리브가 선교 공동체가 되어 가고 있다. 일상의 사역을 넘어 열방을 섬기는 일까지 하나님께서 이끌고 계신다.

그 밖의 특징들을 더 쓸 수 있지만 결론을 내리자면 올리브는 교회다. 세상 속에 있는 선교적 일상교회다. 세상 복판에서 하나님의 위대하심을 선포하는 작은 교회이며, 세상 속에서 완전하신 하나님을 선포하는 연약하고 불완전한 교회다. 올리브와 같은 교회들이 세상 곳곳에 세워지길 소망한다.